W0188483

Andreas Meusch

Wie schnell ist wieder nichts passiert
Sozialpolitik in Zeiten der Krise

Meusch Verlag

Originalausgabe
ISBN 978-3-980985-84-0
Copyright 2016 Meusch Verlag

Alle Rechte vorbehalten. Druck oder die Verwendung in
anderen Medien, auch auszugsweise, nur mit schriftlicher
Genehmigung des Verlags.
Satz und Layout: Janina Jentz, www.wortwerke.net
Titelfoto: fotolia

Vorwort

„Das Recht des Sozialgesetzbuchs soll zur Verwirklichung sozialer Gerechtigkeit und sozialer Sicherheit Sozialleistungen einschließlich sozialer und erzieherischer Hilfen gestalten." Dies ist der allererste Satz im allerersten Sozialgesetzbuch der Bundesrepublik Deutschland. Das ist schön formuliert, sollte aber ergänzt werden: Langfristig ist Wirtschaftswachstum die zwingende Voraussetzung für die Realisierung der nachfolgend formulierten Leistungsansprüche. Dieser Satz findet sich aber in keinem der aktuell zwölf Sozialgesetzbücher und auch sonst in keinem deutschen Gesetz. Es gibt aber keinen Satz, der so konsequent beachtet wird: „Der Sozialstaat wächst schneller als die Wirtschaft".[1]

Der deutsche Sozialstaat baut auf diese Lebenslüge: „Sozialpolitik im Sommer 2015 gleicht einem „Wünsch-dir-was"-Konzert. ... Die rosige Konjunktur flutet das Gesundheitssystem mit Geld."[2] Was die Sozialpolitik im Sommer 2015 darbietet, ist eine Farce, ganz wie es Karl Marx beschrieben hat: „Hegel bemerkte irgendwo, dass alle großen weltgeschichtlichen Tatsachen und Personen sich sozusagen zweimal ereignen. Er hat vergessen hinzuzufügen: das eine Mal als Tragödie, das andere Mal als Farce."[3]

Schlimmer noch – die deutsche Sozialpolitik leidet geradezu an einem pathologischen Wiederholungszwang, der aus den Fehlern der Vergangenheit nichts lernen will:

---

[1] Dietrich Creutzburg; Der Sozialstaat wächst schneller als die Wirtschaft, in: Frankfurter Allgemeine Zeitung vom 3. 8. 2015

[2] Schmergal, Cornelia: Wünsch dir was, in: Der Spiegel Nr. 31/2015, S. 36

[3] Marx, Karl: Der achtzehnte Brumaire des Louis Bonaparte. Marx-Engels-Werke (MEW) Band 8, S. 115, 1852.

– Die Regierung Brandt hat als erste sozialpolitische Maßnahmen 1969 die Sparaktivitäten der Großen Koalition zurückgenommen und weitere Wohltaten verteilt. Als 1973 die Konjunktur einbrach, mussten zwei Bundeskanzler (Helmut Schmidt und Helmut Kohl) umso tiefer ins soziale Netz einschneiden und die Wohltaten zum Teil wieder einsammeln.

– Auch die Regierung Schröder begann ihre Amtszeit damit, die Konsolidierungsmaßnahmen der Vorgängerregierung teilweise zurückzunehmen. Das verstärkte den Druck im Rahmen der Agenda 2010 das Ruder wieder herumzureißen und noch unpopulärere Maßnahmen, wie die Rente mit 67, zu beschließen – die inzwischen wieder modifiziert ist.

Und nun betreibt die Große Koalition erneut eine Sozialpolitik, die so tut, als sei die gute Konjunktur ein Naturgesetz. Durfte man Anfang der 1970er Jahre noch auf John Maynard Keynes und seine Nachfragesteuerung setzen, so kann dies im zweiten Jahrzehnt des 21. Jahrhunderts nur noch als naiv bewertet werden: „Es ist eine Politik, die kein Morgen kennt."[4] 2012 überstiegen die Gesundheitsausgaben in Deutschland erstmals die Marke von 300 Milliarden Euro. 205,5 Milliarden Euro gaben 2014 allein die gesetzlichen Krankenkassen aus. Zum Vergleich: Der gesamte Bundeshaushalt betrug 2014 knapp 297 Milliarden Euro. Und für den zuständigen Bundesgesundheitsminister ist es beruhigend, dass im 1. Halbjahr 2015 der Ausgabenzuwachs bei 3,9 Prozent und damit „im Rahmen der Erwartungen" lag – und das bei einem von der Bundesregierung geschätzten Wirtschaftswachstum von 1,8 Prozent für das Gesamtjahr.

Sieht so nachhaltige Sozialpolitik aus?

Die Gesetzesmaschinerie läuft aber auf Hochtouren und produziert viele Paragraphen und immer mehr Bürokratie.[5] „Der deutsche So-

---

[4] Schmergal, Cornelia: Wünsch dir was, in: Der Spiegel Nr. 31/2015, S. 36.

[5] Siehe dazu: Gathmann, Florian: Meldepflichten, Vorschriften, Nachweise: Das sind die größten Bürokratiesünder, in: *http://www.spiegel.de/politik/deutschland/buerokratie-welches-ministerium-der-wirtschaft-am-meisten-zumutet-a-1022729.html.*

zialstaat ... scheint noch heute nicht daran interessiert, ein angemessenes Bild seiner selbst zu gewinnen"[6], stellt Professor Franz-Xaver Kaufmann, einer seiner besten Kenner, resigniert fest. Oder, um es mit Mark Twain zu sagen: „Nachdem wir das Ziel endgültig aus den Augen verloren hatten, verdoppelten wir unsere Anstrengungen."

Hamburg, im Januar 2016

---

[6] Franz-Xaver Kaufmann: Unter Druck, in: FAZ vom 10.8.2015.

Inhaltsverzeichnis

Sozialpolitik in der Systemkrise

Braucht die Sozialpolitik einen Ruck?

Am 11. September 2014 wurde dem 60-jährigen Bestehen des Bundessozialgerichts in einem Festakt am Sitz des Gerichtes in Kassel gedacht. Bundespräsident Gauck hielt die Festrede. Aus diesem Anlass wurde auch eine Festschrift herausgegeben.[1] Es ist ein „Ruck-Buch" so wie der ehemalige Bundespräsident Herzog eine „Ruck-Rede" gehalten hat.[2] Dieser Anstoß verdient es, aufgenommen zu werden.

Es stehe eine „Runderneuerung unseres Sozialmodells" an.[3] Der „Krisenreigen" der Finanzmarkt-, Staatsschulden- und Eurokrise erzwingt, „auch über die Reformtrends im Sozialstaat neu" nachzudenken.[4] „Wir scheinen uns in einer Wende- oder Übergangszeit zu

---

[1] Masuch, Peter/Spellbrink, Wolfgang,/Becker, Ulrich/Leibfried, Stephan: Vorwort der Herausgeber, in: diess. (Hrsg.): Grundlagen und Herausforderungen des Sozialstaats. Denkschrift 60 Jahre Bundessozialgericht. Band 1: Eigenheiten und Zukunft von Sozialpolitik und Sozialrecht, Berlin 2014.

[2] Am 26. April 1997 hat der damalige Bundespräsident Roman Herzog im Berlin Hotel Adlon seine Rede „Aufbruch ins 21. Jahrhundert" mit dem Kernsatz „Durch Deutschland muss ein Ruck gehen…" *https://www.youtube.com/watch?v=FhHrzWvd-Js.*

[3] Masuch, Peter et al.: Vorwort, in: dies. (Hrsg.): Grundlagen und Herausforderungen des Sozialstaats. Denkschrift 60 Jahre Bundessozialgericht. Band 1: Eigenheiten und Zukunft von Sozialpolitik und Sozialrecht, Berlin 2014, S. V-XI, S. XI.

[4] Leibried, Stephan: Der Wohlfahrtsstaat: Ursprünge, Entwicklungen, Herausforderungen. Eine vergleichende Hinführung, in: Masuch et al. (Hrsg.) Grundlagen und Herausforderungen des Sozialstaats. Denkschrift 60 Jahre Bundes-

befinden, in einem Abschnitt, wo sich ‚nicht mehr' und ‚noch nicht' treffen."[5] Die Zitate finden sich in der „Denkschrift", die auch „Festschrift" heißen könnte, es aber nicht tut. Die Autoren wollen bewusst 60 Jahre Bundessozialgericht nicht feiern, sondern einen Denkanstoß geben.

Die Empirie in Deutschland scheint dem zu widersprechen, die Realität des Jahres 2015 ist sozialpolitisch geprägt von einer Expansion sozialpolitischer Wohltaten in der Pflegeversicherung, der Rente und auch in der Gesundheitspolitik. Allein im ersten Halbjahr 2015 sind elf gesundheitspolitisch relevante Reformgesetze verabschiedet worden, keines mit Kostendämpfungszielen. Die wichtigsten davon zu Krankenhäuser, Pflege, Prävention und das Versorgungsstärkung haben Mehrkosten in Milliardenhöhe zur Folge. Wollte Leibfried mit dieser Sicht der Dinge der amtierenden Bundesregierung Mahnendes mit auf dem Weg geben? Ich würde es mir zumindest so wünschen.

Die Herausgeber und Autoren konzentrieren sich auf eine Anamnese der Geschichte und Diagnose der Gegenwart des Sozialstaates. Sie halten sich mit einer Prognose für Künftigen zurück. Dies wird also noch zu leisten sein. Natürlich wird mit der Diagnose der Weg zu Prognose und Therapie gebahnt. Bevor wir uns ihnen zuwenden können, stellt sich die Frage, ob die Diagnose stimmt.

Es wird in der Denkschrift sehr viel Richtiges und Wichtiges gesagt über die Brüchigkeit der Normalarbeitsverhältnisse und der Familie als Lebensmodell. Man spürt, wie die Herausgeber darunter leiden, dass der Sozialstaat eher auf Kompensation statt auf „systematische Integration von Bildung und Fortbildung setzt" und wie sie einen Wissenschaftsbetrieb herbeisehnen, der „Neugier"-Kapazitäten vorhält. Das sind wichtige Akzente, die gesetzt werden, entscheidend

---

sozialgericht. Band 1: Eigenheiten und Zukunft von Sozialpolitik und Sozialrecht, Berlin 2014, S. 3–20, S. 16.

[5] Masuch, Peter et al.: Vorwort, in: dies. (Hrsg.): Grundlagen und Herausforderungen des Sozialstaats. Denkschrift 60 Jahre Bundessozialgericht. Band 1: Eigenheiten und Zukunft von Sozialpolitik und Sozialrecht, Berlin 2014, S. V–XI, S. VI.

ist aber, wo der Autor des Grundsatzbeitrags zum Wohlfahrtsstaat, der Bremer Professor für Institutionen und Geschichte des Sozialstaates, Stephan Leibfried, eine Zeitenwende setzt: 2008 mit dem „Krisenreigen". Zunächst einmal bedeutet dies, dass in seiner Analyse die Phase der sozialpolitischen Bewältigung der deutschen Einheit vorbei ist oder zumindest völlig überlagert wird von den Folgen dieses Krisenreigens. Die Zukunft der Sozialpolitik wird langfristig von dieser Systemkrise bestimmt werden.

Die Auswirkungen kann man bereits sehen. Die Gesundheitsausgaben in den OECD-Ländern der EU schrumpften seit 2010 jährlich um ein Prozent und erreichten erst 2013 wieder die Null-Linie.[6] Exemplarisch soll dies am angelsächsischen Welfarestate gezeigt werden, gerade weil Großbritannien nicht zu den am meisten von der Krise betroffenen Staaten gehört, ist das Beispiel besonders erhellend. Dort trifft das Auf und Ab der Wirtschaft die Sozialpolitik unmittelbarer als im deutschen Sozialstaat, der im Krisenjahr 2009 sogar einen wichtigen Beitrag geleistet hat, die Wirtschaft zu stabilisieren. Es ist aber ein fataler Irrtum anzunehmen, dass der Zusammenhang nicht besteht. Es lohnt deshalb ein Blick über den Kanal: Wurde das britische Gesundheitssystem, dem National Health Service (NHS), in der Ära Blair noch mit den sprudelnden Geldern der Londoner City modernisiert, müssen inzwischen die ambitionierten Qualitätsprogramme zusammengestrichen werden. "Demontiert" werde der NHS kann man in der London Review of Books lesen.[7] „Gesundheitspolitische Beobachter gehen davon aus, dass bis zu 100.000 Stellen in der NHS-Verwaltung wegrationalisiert werden könnten. Inflationsbereinigt kommt die geplante Ausgabenentwicklung einer Senkung von zwischen vier und 4,5 Prozent jährlich gleich. Investitionen etwa in

---

[6] Ausführliche Analyse dazu s.: Albring, Manfred, Laschet, Helmut: Schrumpfkurs für die Medizin.Auswirkungen der Finanzkrise auf die Gesundheitsausgaben der OECD-Staaten, in: Implicon – gesundheitspolitische Analysen 12/2015

[7] Roderick, Peter: Is that it for the NHS?, in: London Review of Books, Vol. 37 No. 23, 3 December 2015, S. 14.

neue NHS-Gebäude werden bis 2015 laut Ministerium um 17 Prozent jährlich gekürzt".[8] Eine Sozialstaatsdebatte sollte sich stets bewusst sein, wie abhängig sie von wirtschaftlichen Rahmenbedingungen ist. „Mehr Kapitalismus wagen" dies ist ein implizites Axiom der deutschen Sozialpolitik, auch von Akteuren, die nicht Fans von Friedrich Merz sind.

Ein Weiteres komm hinzu: Wir müssen auch über die normativen Grundlagen des Sozialstaates, den *Common Sense* nachzudenken. Bundespräsident Gauck formuliert es in seiner Festrede so: „Sozialpolitik wird nicht nur vom Geld, sondern auch vom gesellschaftlichen Klima bestimmt".[9]

Dafür sind auch die Politiker verantwortlich. Meinungsführerschaft über Fragen des gesellschaftlichen Klimas anzustreben, ist eine relevante Aufgabe von Parteien. Und da sieht es nicht erfreulich aus wie ein Blick auf die Entwicklung der letzten Jahre zeigt.

Sozialpolitik in der Ära Merkel

Das Meinungsklima in Deutschland ähnelte Mitte der Nuller-Jahre unseres Jahrhunderts in erschreckender Weise dem der alten Bundesrepublik vor dem Fall der Mauer. Nach der kurzen Phase der Euphorie nach der deutschen Einheit und dem Gewinn der Fußballweltmeisterschaft im Jahr 2000 folgte die Desillusionierung. Der Narrativ von den blühenden Landschaften hatte sich im wirtschaftlichen Alltag des wiedervereinigten Deutschland schnell verbraucht, Arbeitslosigkeit und Treuhand prägten das Meinungsklima. „Wir sind kein Volk". Mit diesem „Bestseller" (so der Aufkleber auf dem Titel) kann man 2005 fordern, „den Wunschtraum vom ,einig Vaterland' endlich zu begraben.[10] Die Einheitsverlierer im Osten und die Modernisierungsverlierer in ganz Deutschland prägen das Meinungsklima einer „verzagten

---

[8] Striegler, Arndt: Großbritannien: Insel der Rationierung, in: *Ärzte Zeitung vom 17.12.2011.*

[9] Joachim Gauck, Festvortrag *„60 Jahre Bundessozialgericht"* vom 11.9. 2014.

[10] Herles, Wolfgang: Wir sind kein Volk. Eine Polemik, München 2004.

Republik"[11] stärker als es ihrem Anteil in der Bevölkerung entspricht. Die Vorstellungen einer „nivellierten Mittelstandsgesellschaft"[12], die in der alten Bundesrepublik die bürgerliche Variante eines *„age of love, peace and understanding"* bildete, sind ausgeträumt. Auch wer noch nie etwas von Ulrich Becks reflexiver Moderne gehört hat, fühlt, dass diese „das Chaos chaotisiert, also in Unerträglichkeiten führt".[13]

Ein wachsendes Sozialbudget kann nicht darüber hinwegtäuschen, dass der Sozialstaat einerseits Benachteiligten oft nicht adäquat helfen kann, andererseits aber Investitionen in die Zukunft verhindert, weil er Mittel bindet, die einfach konsumiert werden. „Wir sind viel besser als wir denken"[14]: Das Meinungsklima zu prägen, das schaffen solche Einsichten nicht. „Die Anbetung des Götzen Sachzwang und seiner Priester, der Experten, ersetzt die Kontroverse", schreibt die Tochter von Günter Gaus.[15] Hohn und Spott über die, die in den 1970er Jahren noch Hoffnungsträger einer besseren Zukunft waren, die Wissenschaftler und Experten.

Auch wenn die Hartz-Gesetzgebung der Schröder-Ära noch heute gilt, für das sozialpolitische Klima in Deutschland markiert der 18. September 2005, der Tag der Bundestagswahl, einen tiefen Einschnitt. Die Abwahl der Reformagenda hat die Sozialpolitiker in Deutschland bis heute paralysiert. Alles vermeiden, das dazu führen könnte, wieder so abgestraft zu werden wie weiland der Schröder:

---

[11] Schumacher, Hajo: Kopf hoch, Deutschland. Optimistische Geschichten aus einer verzagten Republik, München 2005, Klappentext.

[12] Braun, Hans: Helmut Schelskys Konzept der „nivellierten Mittelstandsgesellschaft" und die Bundesrepublik der 1950er Jahre, *Archiv für Sozialgeschichte, Band 29* (1989), S. 199–223. Hanselle, Ralf: Das Wunderland. Geschichte Der westdeutsche Traum von Gerechtigkeit: Die nivellierte Mittelstandsgesellschaft wurde nie Realität, in: *Das Parlament*, Nr. 38, 14.9.2009.

[13] Beck, Ulrich: Die Erfindung des Politischen, Frankfurt am Main 1993, S. 16.

[14] Schlesiger, Christian/Werner, Marcus: Deutschland: sehr gut. Wir sind viel besser als wir denken!, Köln 2010.

[15] Gaus, Bettina: Die scheinheilige Republik. Das Ende der demokratischen Streitkultur, München 2002, Klappentext.

Das ist der einzige rote Faden, der in der Sozialpolitik zu erkennen ist. Praxisgebühr abschaffen, Rente mit 63 (zumindest für langjährige Versicherte) statt mit 67: Die Angst vor der Abwahl ist die treibende Kraft. Überall werden Gerechtigkeitslücken identifiziert und geschlossen, selbst die PKW-Maut wird vom zuständigen Minister damit begründet, dass damit eine Gerechtigkeitslücke geschlossen werde.[16]

Relevanz für das sozialpolitische Klima in Deutschland hat die europäische Schuldenkrise insoweit, als das Vertrauen der Bevölkerung in die Absicherung von Risiken über den Kapitalmarkt geschwunden ist. Wenn die Rendite für Lebensversicherungen 2015 nach Abzug der Kosten auf 0,3 Prozent sinken wird,[17] dann sind die kapitalgedeckten Sicherungssysteme in der Krise. In Deutschland hat sich „mit Ausbruch der europäischen Schuldenkrise die Relation zwischen Kapitalmarktrendite und der internen Rendite der gesetzlichen Rentenversicherung umgekehrt".[18] Die Unsicherheit der Bevölkerung, ob die sozialen Sicherungssysteme halten, trifft jetzt kapitalgedeckte wie umlagefinanzierte Systeme gleichermaßen.

Am Beispiel Gesundheitswesen lässt sich zeigen, dass die Politik des Appeasements nicht nur aus Perspektive der regierenden Kanzlerpartei machtpolitische Rendite abwirft, sondern auch ökonomische Gründe dafür sprechen. Die Gesundheitswirtschaft ist ein Stabilisator im Konjunkturzyklus. Von den Ausnahmen in 2010 und 2011 liegen die Wachstumsraten der Bruttowertschöpfung in der Gesundheitswirtschaft regelmäßig höher als die der Gesamtwirtschaft. Dies hatte besondere Bedeutung im Krisenjahr 2009, als die Bruttowertschöpfung der Gesamtwirtschaft um 4,5 Prozent sank, während die der

---

[16] Interview mit der FAZ vom 7.7.2014.

[17] Kremer, Dennis: Lohnt sich die Lebensversicherung noch? FAS vom 17.6.2014.

[18] Buchholz, Wolfgang; Wiegard, Wolfgang: Wer finanziert den deutschen Sozialstaat in Zukunft, in: Masuch et al (Hrsg.), Grundlagen und Herausforderungen des Sozialstaats. Denkschrift 60 Jahre Bundessozialgericht. Band 1: Eigenheiten und Zukunft von Sozialpolitik und Sozialrecht, Berlin 2014, S. 751–774, S. 773

Gesundheitswirtschaft sogar um 3,6 Prozent stieg.[19] Noch wichtiger ist ihre Bedeutung für die Beschäftigung. Hier liegen ihre Zuwachsraten regelmäßig über denen der Gesamtwirtschaft. Als 2003 die Zahl der Erwerbstätigen insgesamt um 0,9 Prozent sank, stieg die in der Gesundheitswirtschaft um 1,3 Prozent (2005: -0,1 Prozent vs. +1,4 Prozent). Im Krisenjahr 2009 stagnierte die Erwerbstätigkeit de facto mit einer bescheidenen Steigerung von 0,1 Prozent, während die Zahl der Beschäftigten in der Gesundheitswirtschaft um 3,3 Prozent zunahm.[20] Über die Ausgaben der gesetzlichen Krankenversicherung verfügt die Politik hier über einen relevanten Hebel für Nachfragesteuerung und macht davon auch ausgiebig Gebrauch. „Regierung treibt Kassenbeiträge hoch", titelt der Tagesspiegel und rechnet vor, dass die allein von den Versicherten zu zahlenden Zusatzbeiträge von 0,9 Prozentpunkten in 2015 sich bis 2019 verdoppeln können. Allein für 2016 wird vorgerechnet, dass die durch Reformgesetze verursachten Mehrkosten bei 1,4 Mrd. Euro liegen.[21] Fünf Mrd. Euro von Arbeitgebern und Arbeitnehmern werden für die Pflege ab 2017 jährlich zur Verfügung gestellt. FAZ und Handelsblatt betonen: Nicht solide finanziert.[22] „Laut dem Freiburger Ökonomen Bernd Raffelhüschen steigt allein durch die erste Stufe der Pflegereform die Staatsverschuldung einschließlich der in den Sozialkassen versteckten Schulden um 2,5 Prozentpunkte von 223,4 auf 225,9 Prozent."

Strukturelle höhere Ausgaben- als Einnahmesteigerungen - das gilt auch für die Gesundheitspolitik. Schauen wir uns an, wie weit sich die Leistungsausgaben der gesetzlichen Krankenkassen inzwischen

---

[19] Bundesministerium für Wirtschaft und Energie (Hrsg.): *Gesundheitswirtschaft. Fakten und Zahlen*, Berlin 2014, S. 11.

[20] Bundesministerium für Wirtschaft und Energie (Hrsg.): *Gesundheitswirtschaft. Fakten und Zahlen*, Berlin 2014, S. 24.

[21] Woratschka, Rainer: Regierung treibt Kassenbeiträge hoch, in: Tagesspiegel vom 4.6.2015. Siehe auch *Statement der Vorstandsvorsitzenden des GKV-Spitzenverbandes*, Doris Pfeiffer, vom 15.6.2015: Gesetze kosten zusätzliches Geld.

[22] Mihm Andreas: Gröhes Pflege-Denkmal, FAZ vom 13.8.2015. Specht, Frank: Nicht sicher, Handelsblatt vom 13.8.2015.

von den beitragspflichtigen Einnahmen und der Entwicklung des Bruttoinlandproduktes entkoppelt haben. Seit die Krankenkassen das Morbiditätsrisiko verstärkt tragen – seit 2004 in der stationären Versorgung, seit 2009 in der ambulanten Versorgung – geht diese Schere weiter auseinander. Setzen sich die Steigerungsraten der Jahre 2012 bis 2014 bis ins Jahr 2030 fort, liegt der Finanzierungsbedarf dann bei fast 500 Mrd. Euro. Die gute Konjunktur und die damit verbundene Lage auf dem Arbeitsmarkt verdecken noch die gegenwärtige Ausgabendynamik.

Einen Kulturwandel zum Schlechteren diagnostiziert der Branchendienst „Highlights Gesundheitspolitik": „Vielleicht charakteristisch für diese Phase der Politik, zumindest der Gesundheitspolitik, ist aber die Politik der kleinen Verständigung, die an einen arabischen Bazar erinnert. Wie man immer wieder hört, wird dem einen dies oder das versprochen, wenn er dies oder das bewirkt, oder man zu diesem oder jenem schweigt. Naturgemäß ist nichts davon dokumentiert, diese kleinen Übereinkünfte wabern durch das System, ohne greifbar zu sein. [...] Bestehende und neue Gesetze werden kaum der Kosten-Nutzen-Prüfung unterzogen, und so perpetuiert sich auch schlichter Unsinn."[23] Und die industrialisierte Paragrafenherstellung im Bundesgesundheitsministerium produziert immer neuen Unsinn: Wenn Krankenhäuser Porto sparen und Entlassbriefe per E-Mails senden, sollen sie ab Juli 2016 für zwei Jahre zusätzlich noch einen Telematik-Zuschlag von einem Euro erhalten. So sieht es zumindest der im August 2015 vorliegende Referentenentwurf zum e-Health-Gesetz vor. Zusätzlich sollen 0,50 Euro für die Entgegennahme des elektronischen Entlass-Briefs für die an der vertragsärztlichen Versorgung teilnehmenden Ärzte und Einrichtungen gehen.

---

[23] Lehr, Andreas/Visarius, Jutta: Kulturwandel, in: Highlights Gesundheitspolitik Nr. 17/2015, S. 23 f.

Es besteht Handlungsbedarf im „Vaterland des Sozialstaates"

Und was bedeutet das für das sozialpolitische Klima in Deutschland? Die Bevölkerung wirkt keineswegs beglückt davon, dass jetzt die sozialpolitischen Wahrheiten der Vergangenheit (Lohnnebenkosten sind ein Standortnachteil, der Sozialstaat kann nicht die Folgen aller relevanten Lebensrisiken ausgleichen) nicht mehr gelten sollen. Wie denn auch? Es ist nicht zu vermitteln, dass das Lebensrisiko Pflege zum relevanten Teil privatisiert bleibt, während genug Geld dafür da ist, dass kerngesunde 63-jährige aus den Verwaltungen der Konzerne, den Banken und Versicherungen jetzt auf Kosten der Allgemeinheit früher in Rente gehen dürfen. Ob es dem viel beschworenen Dachdecker hilft, ist schwerer einzuschätzen. Vielleicht ist er schon als Erwerbsunfähigkeitsrentner in Rente oder er muss sich weiter auf die Dächer schleppen, weil sein Erwerbseinkommen schlechter ist als die Rente der Menschen aus der Verwaltung, die in der Regel mehr verdienen als er und außerdem häufig noch attraktive betriebliche Altersversorgungen haben, von denen sich gut kreuzfahren lässt. Schöne neue Gerechtigkeit, insbesondere für die junge Generation, der dies mit Blick auf die demografische Entwicklung nicht zu vermitteln ist. Es passt zum aktuellen sozialpolitischen Klima, dass es so völlig egal ist. Die Menschen spüren, dass die Politik es gar nicht mehr versucht, das eigene Handeln mit einer Vision für die Zukunft zu verbinden. Es überrascht nicht, dass die SPD dafür keine politische Dividende einfahren kann und stattdessen 2014 in Thüringen mit Bodo Ramelow den ersten Linken Ministerpräsidenten mitwählen durfte. Und was formuliert die zuständige Bundesarbeitsministerin zur Zukunft der Arbeit? Zu dem von ihr vorgelegten Grünbuch schreibt der Soziologieprofessor Stefan Kühl in der FAZ: „Das Grünbuch ist ein Beispiel dafür, wie wenig man sich in der Arbeits- und Sozialpolitik im Moment traut, heiße Eisen […] anzufassen". Er schließt seine Bewertung mit der Hoffnung, dass das für 2016 „geplante Weißbuch des Arbeitsministeriums aus mehr als nur einer großen ‚Begriffswolke' zum Thema besteht".[24]

Wir können also zu Beginn des Jahres 2016 feststellen, dass die Sozialpolitik in Deutschland ein dreifaches Problem hat:

– Defizite in der Output-Legitimation,
– Glaubwürdigkeitsprobleme und
– narrative Atrophie.[25]

Trotz guter Konjunktur und hohem Niveau der Sozialleistungen gibt es großen Handlungsbedarf, um die Sozialpolitik und damit Deutschland zukunftsfähig zu machen. Sozialpolitik ist seit 1949 ein Markenkern der deutschen Staatlichkeit geworden. Deshalb gilt für die Sozialpolitik in Deutschland, das, was Ernest Renan über die Nationen gesagt hat: Sie sind *„un plébiscite de tous les jours“*.[26] Und Plebiszite können auch verloren werden. Wie werden die Plebiszite gewonnen? Indem die Menschen zu der Überzeugung gelangen, dass der Fortbestand mehr Vorteile bringt als die Auflösung. Die Vielzahl von separatistischen Bewegungen in der EU zeigt ständig, dass Menschen bereit sind, auch Jahrhunderte alte Bindungen zu kappen, wenn die

---

[24] Kühl, Stefan: Alles so vernetzt hier, in: FAZ vom 22. 9. 2015; *http://www. faz.net/aktuell/feuilleton/debatten/gruenbuch-des-arbeitsministeriums-arbeit-4-0-13815910.html.* Weiterführend: Ders.: Zeitdiagnosen 4.0. Eine Rezension des Grünbuchs „Arbeit weiter denken" des Bundesministeriums für Arbeit und Soziales (Working Paper 5/2015) *http://www.uni-biele feld.de/soz/forschung/orgsoz/Stefan_Kuehl/pdf/Kuehl-Stefan-Working-Pa per-5_2015-Arbeit-4-0-Zeitdiagnosen-4-0-Version-3-0-310815-SK-.pdf.*

[25] Für den Philosophen Odo Marquardt kompensieren Narrative „Modernisierungsschäden, indem sie erzählen; und je mehr versachlicht wird, desto mehr – kompensatorisch – muss erzählt werden: sonst sterben die Menschen an narrativer Atrophie." (Marquard, Odo: Über die Unvermeidlichkeit der Geisteswissenschaften. Vortrag vor der Westdeutschen Rektorenkonferenz,in: ders.: Apologie des Zufälligen, Stuttgart 1986, S. 105 f.). Weiterführend siehe: Meusch, Andreas: Herbst des Kapitalismus, Hamburg 2015.

[26] Renan, Ernest am 11. März 1882 auf einer Konferenz an der Sorbonne über die Nation. „L'existence d'une nation est un plébiscite de tous les jours [...].Les nations ne sont pas quelque chose d'éternel. Elles ont commencé, elles finiront", zitiert nach: *http://www.universalis.fr/encyclopedie/ qu-est-ce-qu-une-nation/.*

Output-Legitimität des Staates keine positive Prognose bringt. Für den „Spiegel" ist die Output-Legitimität des gegenwärtigen Systems schon so weit erodiert, dass „die Krise des Kapitalismus bereits zu einer Krise der Demokratie geworden" ist.[27] Wie schwierig wird die Situation erst, wenn es kein Wirtschaftswachstum und damit auch nichts mehr zu verteilen gibt. Hier schließt sich der Kreis dieses Beitrags mit dem Plädoyer, Wirtschaftswachstum und das System, das es hervorbringt, nicht zu verteufeln. Der Sozialstaat muss jeden Tag neu erarbeitet und verdient werden, um seinen Beitrag für ein gerechtes Miteinander und zur Stabilität unserer politischen Ordnung liefern zu können. Wo sind die Chancen dafür besser als in Deutschland, im „Vaterland des Sozialstaats"[28]?

---

[27] Sauga, Michael: Das Zombie-System, in: Der Spielgel 43/2014, S. 66–76.
[28] Masuch, Peter et al.: Vorwort, in: dies. (Hrsg.): Grundlagen und Herausforderungen des Sozialstaats. Denkschrift 60 Jahre Bundessozialgericht. Band 1: Eigenheiten und Zukunft von Sozialpolitik und Sozialrecht, Berlin 2014, S. V-XI, S. VIII.

Eine kleine Geschichte der
Verschiebebahnhöfe in Deutschland*

„Es gibt immer was zu tun" – So wirbt eine Baumarktkette für sich. In der Sozialpolitik scheinen viele Akteure den Spruch leicht abgewandelt zu ihrem Leitmotiv gewählt zu haben: „Es gibt immer was zu verschieben". Verschiebebahnhof ist deshalb einer der wichtigsten Vokabeln zum Verständnis der Sozialpolitik in Deutschland.

Bevor wir uns aber in der kleinen Geschichte der Verschiebebahnhöfe in Deutschland versuchen, wollen den Blick auf ein Beispiel aus dem Jahre 2008 richten, das noch immer aktuell ist: Nachdem die Dienstleistungsgewerkschaft bei den Lokführern nur noch wenig zu melden hat, seit Transnet und aktuell Weselsky mit seiner Gewerkschaft Deutscher Lokführer (GdL) dort das sagen haben, besinnt sie sich auf ihre Tradition und eine unbestrittene Kernkompetenz: Das Umverteilen von Geld anderer Menschen durch eine Politik der Verschiebebahnhöfe. Wer es versäumt hat, rechtzeitig für die Zukunft vorzusorgen, der darf sich der Unterstützung der vereinigten Dienstleistungsgewerkschaft ver.di gewiss sein: Die Gewerkschaft plädiert dafür, sich das Geld bei denen zu holen, die rechtzeitig Vorsorge getroffen haben. Am 8. Mai 2008 fordert ver.di in einer Stellungnahme zum „Gesetz zur Weiterentwicklung der Organisationsstrukturen

---

* Überarbeitete Version eines Beitrages in: Versicherungsfremde Leistungen und Verschiebebahnhöfe, in: Albring, Manfred/Wille, Eberhard (Hrsg.): Die GKV zwischen Ausgabendynamik, Einnahmeschwäche und Koordinierungsproblemen, Frankfurt 2003 (Allokation im marktwirtschaftlichen System, Band 48); zum gleichen Thema s. auch: Andreas Meusch: Verschiebebahnhof: Geschichte einer Metapher, in: ders.: Und der Zukunft abgewandt. Sozialpolitik in der Ära Kohl, Hamburg 2002.

in der gesetzlichen Krankenversicherung (GKV-OrgWG) die Verteilung der Verwaltungskosten zwischen den Krankenkassen nicht so zu
regeln wie das Bundeskabinett es beschlossen hatte, sondern den
Schlüssel so zu verändern, dass Krankenkassen, die bisher keine
Rückstellungen gebildet haben, besser gestellt werden. Wörtlich heißt
es: „Einer besonderen Lösung bedarf die Verpflichtung zur Bildung
von Altersrückstellungen. … Die Kassen stehen daher vor dem Problem, Mittel für die Altersrückstellungen entweder aus den Verwaltungskosten oder aus einem Zusatzbeitrag zu finanzieren". „Woraus
denn bitte sonst?", mag man unbedarft fragen. Aber dank Gesundheitsfonds gibt es ja Alternativen: die Konkurrenten, die vorgesorgt
haben. Wenn alles Geld erst einmal im großen Topf ist, darf sich
jeder bedienen. Und so macht sich ver.di zum Interessenvertreter
derer, die keine Zukunftsvorsorge getroffen haben. Statt als Arbeit-
nehmervertretung die Kassen zu loben, die rechtzeitig Vorsorge für
die Alterssicherung ihrer Mitarbeiter getroffen haben, will ver.di
denen in die Taschen greifen – dank Fonds merkt das ja keiner und
man kann in Flugblättern immer schön das Interesse der kranken
Menschen nach vorne schieben. Der Forderung von ver.di wurde
bislang noch nicht entsprochen.

„Aber am beliebtesten war doch immer der Verschiebebahnhof".
So heißt es schon 1992 in der Festschrift zum 10-jährigen Amtsjubi-
läum des damaligen Bundesarbeitsministers Norbert Blüm, und wer
wollte ihm hier widersprechen?!

Und obwohl der Volksmund weiß, dass der Erfolg viele Väter hat,
wird man nach dem Vater dieser erfolgreichsten sozialpolitischen
Metapher aller Zeiten vergeblich fahnden.

Schlägt man bei sozialpolitisch kundigen Juristen nach – und wem
gebührt in Sachen der deutschen Sprache eine höhere Autorität als
den Juristen – so wird man finden, dass das Instrument des „Verschiebebahnhofes" im Jahre 1982 seinen Ursprung als Vermächtnis
des noch amtierenden Sozialministers Herbert Ehrenberg an seinen
Nachfolger hat. Im Rahmen der „Operation 1982" wurde es erdacht,
um finanzielle Löcher jeweils eines Sozialversicherungszweiges zu

14

Lasten eines momentan konsolidierten anderen Zweiges zu stopfen. Der Verschiebebahnhof wird hier als ein Kind der Zeitwende in der Mitte der 1970er Jahre gesehen, als Schwester der Kostendämpfung.[1]

Nach der „geistig-moralischen Wende" 1982 stellte sich sehr schnell heraus, dass das Konzept des Verschiebebahnhofs eigentlich christlichen Ursprunges war („Oh heiliger Sankt Florian, verschon' mein Haus, zünd' and're an"). Und so konnte die neue Regierung im Einklang mit den Grundsätzen der katholischen Soziallehre noch vier Tage vor Heiligabend 1982 im Bundesgesetzblatt ihr Haushaltsbegleitgesetz 1983 veröffentlichen lassen, das es der finanziell völlig ruinierten Rentenversicherung ersparte, die Beiträge zur Krankenversicherung ihrer Mitglieder in voller Höhe an die Krankenkassen abzuführen. Denen fehlten dann zwar 1,2 Milliarden Mark in den Haushalten, dieses Problem war aber schnell gelöst. Auch hier konnten die Christliberalen auf „bewährte" Grundsätze sozial-liberaler Sozialpolitik zurückgreifen, denn die hatten bereits im Jahre 1977 mit dem Krankenversicherungs-Kostendämpfungsgesetz dazu das Handwerkszeug geliefert: Pauschale Zuzahlung für Arzneimittel, Begrenzung des Zuschusses für Zahnersatz sowie Einschränkungen bei Kuren und Fahrkosten, um nur die wichtigsten zu nennen. Da brauchte man jetzt nur bestehende Zuzahlungen zu erhöhen (für Arzneimittel) und neu einzuführen (bei Krankenhausaufenthalt und bei Kuren), und schon war das Haushaltsloch verschwunden.

Der Erfolg muss wohl – zumindest aus Sicht der Regierenden – umwerfend gewesen sein. Wie erklärt es sich sonst, dass just in der Adventszeit des darauffolgenden Jahres der Verschiebebahnhof der Lasten von der Renten- auf die Krankenversicherung wieder in Aktion trat. Diejenigen, die nicht auf die Märklin-Eisenbahn am Heiligabend warten wollten, konnten schon zwei Tage vorher im Bundesgesetzblatt nachlesen, was der Verschiebebahnhof doch für ein herrliches Spielzeug ist: Diesmal sollten die Krankenkassen Geld nach Nürnberg und an die Rentenversicherungsträger überweisen, wenn

---

[1] S. weiterführend dazu, Meusch, Andreas: Sozialpolitik im Herbst des Kapitalismus, Hamburg 2015.

ihre Mitglieder Krankengeld beziehen. Und weil die Mühe des Rangierens wegen der so verschobenen halben Milliarde Mark kaum gelohnt hätte, hing man noch einen Wagen für die Bergleute hinten dran.

Deren Rentner wurden allein im Jahre 1984 mit 890 Millionen Mark im Rahmen des so genannten Belastungsausgleiches in der Krankenversicherung der Rentner von allen Krankenkassen unterstützt. Das Prinzip, den Strukturwandel im Bergbau von der Krankenversicherung mitfinanzieren zu lassen, gefiel den Regierenden so gut, dass es sogar das Ende dieses Belastungsausgleiches überlebte und in der Einbeziehung der Bundesknappschaft in den Risikostrukturausgleich seit dem Seehoferschen Gesundheitsstrukturgesetz weiterlebt.

Wir wollen die Verschnaufpause, die sich die Regierenden in den darauffolgenden Jahren beim Verschieben gönnten, nutzen, um der guten Ordnung halber darauf hinzuweisen, dass sich auf dem Verschiebebahnhof nicht nur Gelder von der Kranken- zur Rentenversicherung verschieben lassen. Im Laufe der Jahre entwickelte Kohls Mann fürs Soziale darin eine solche Meisterschaft, dass er in einer Novelle zum Arbeitsförderungsgesetz einführen ließ, dass die Nürnberger Bundesanstalt für Arbeit auch die Erlangung des Hauptschulabschlusses finanzieren könne, nur um zwei Novellen später[2] die Abschaffung dieser Leistung als Beendigung des Verschiebebahnhofes zu Lasten der Bundesanstalt feiern zu können.

Die absolute Meisterleistung gebührt aber eindeutig den Familienpolitikern der CDU/CSU-Fraktion, denen es gelungen ist, ihr schlechtes Gewissen in das Leistungsrecht der Krankenversicherung zu verschieben. Als nämlich Anfang der 1970er Jahre bei der Novellierung des § 218 StGB die reine Indikationslösung nicht durchzusetzen war, brauchte man einen dicken Katalog von Leistungen, mit denen eine liberalere Lösung entschuldbar gemacht wurde. Da traf es sich gut, dass man jungen Frauen die Pille auf Krankenschein verordnen konn-

---

[2] 8. AFG-Novelle bzw. 10.AFG-Novelle.

16

te. Zwar bekamen die wirklich Bedürftigen über Pro Familia oder Sozialamt auch vorher schon die Pille umsonst, aber das Verteilen sozialpolitischer Wohltaten war angesichts der bestehenden Gewissenspein offenkundig das Gebot der Stunde.

Die große Stunde für alle Verschieber auf den sozialpolitischen Bahnhöfen Deutschlands kam mit der Deutschen Einheit. Da zeigte sich schnell, dass es erheblich einfacher war, Milliarden der westdeutschen Beitragszahler für die Renten- und Arbeitslosenversicherung nach Osten zu verschieben als deutsche Beamte aus dem beschaulichen Bonn in die neue Bundeshauptstadt Berlin. Das Ganze funktionierte so hervorragend, dass böswillige Betrachter sogar meinten, die dadurch bedingte höhere Belastung von Arbeitern und Angestellten gegenüber Selbstständigen und Beamten hinterließe eine Gerechtigkeitslücke.

Da diese Kampagne von Regierungsseite offiziell für beendet erklärt wurde und einer der Hauptverfechter dieser These anschließend mit der Gerechtigkeitslücke bei der Finanzierung des Euro-Fighters beschäftigt war[3], wollen auch wir an dieser Stelle der Diskussion innehalten und den geneigten Leser nicht mit Schwindel erregenden Zahlen verwirren. Um die Geschichte der Verschiebebahnhöfe zu verstehen, scheint es notwendig, an dieser Stelle einen seit dem Mauerfall in Deutschland in Misskredit geratenen Philosophen zu zitieren: Karl Marx beginnt seine Abhandlung zum „18. Brumiare des Louis Bonaparte" mit dem Verweis auf Hegel, der irgendwo gesagt habe, dass sich weltgeschichtliche Tatsachen und Personen und Tatsachen zweimal ereigneten. Er habe nur vergessen, hinzuzufügen: das eine Mal als Tragödie, das andere Mal als Farce.

Und so ist es zumindest eine Wiederholung der Geschichte, dass sich das Ergebnis des Verschiebebahnhofes als Konsequenz der Deutschen Einheit auf die Renten- und Arbeitslosenversicherung so ausgewirkt hat, dass ihr desolater Zustand dem ähnelt, den die christlich-liberale Regierung vorfand, als sie ihr Amt antrat. Kann es da

---

[3]   Gemeint war Volker Rühe.

verwundern, dass sie auch wieder zu denselben Methoden greift, die sie so erfolgreich zu Beginn der 80-er Jahre praktizierte? Seit dem Jahresbeginn 1995 müssen die Krankenkassen die leeren Kassen von Renten- und Arbeitslosenversicherung durch Beiträge von Krankengeldbeziehern füllen. Dafür gab es weniger Beiträge von Arbeitslosen, weil die Nürnberger Bundesanstalt zum Sanierungsfall geworden war. Also fehlten 1997 bereits zum dritten Mal den Krankenkassen 5,5 Milliarden Mark, die von der Öffentlichkeit unbemerkt mit der Wunderwaffe „Verschiebebahnhof" neu verteilt wurden. Zur Farce wird diese Aktion dadurch, dass die Bonner Bundesregierung postwendend das Gesundheitssystem als Kostentreiber outete.

Soweit der Text aus dem Jahr 2003, der durch die Schuldenbremse im Grundgesetz und in den Länderverfassungen bereits im Vorfeld ihrer rechtlichen Wirksamkeit traurige Aktualität gewonnen hat. Zwei Beispiele:

– Was macht der Bund, wenn er die Prävention fördern will? Er verpflichtet die gesetzlichen Krankenkassen, mit Versichertengeldern eine Bundesoberbehörde zu finanzieren, die Bundeszentrale für gesundheitliche Aufklärung.[4]
– Und was passiert mit Ländern, die jahrelang ihren Verpflichtungen zur Investitionsförderung von Krankenhäusern nicht nachgekommen sind: Die Krankenversicherten müssen mit ihren Geldern einspringen.[5]

---

[4] „50 Cent je Versicherten ins Portemonnaie der Bundeszentrale für gesundheitliche Aufklärung (BZgA). Auf die gesamte GKV hochgerechnet sind das satte 35 Millionen Euro". „Das ist der Versuch, eine öffentliche Einrichtung mit dem Geld der Beitragszahler zu finanzieren statt mit Steuergeld", kritisiert Kolpatzik die versteckten Subventionen. „Das ist ordnungspolitisch nicht sauber." *http://www.aok-bv.de/presse/medienservice/politik/index_12803.html.*

[5] Eckpunktepapier der Bund-Länder-Kommission zur Krankenhausreform 2015 vom 5. Dezember 2014, S. 4, *http://www.bmg.bund.de/fileadmin/dateien/ Downloads/B/Bund_Laender_Krankenhaus/Eckpunkte_Bund_Laender_Krank enhaus.pdf.*

Da die Kriterien des Maastricht-Vertrages und der Stabilitätspakt, auf den wir Deutsche so stolz sind, den Regierenden das Schuldenmachen nachhaltig verleiden soll, steht zu befürchten, dass die hier erzählte kurze Geschichte der Verschiebebahnhöfe langfristig betrachtet lediglich die Vor- und Frühgeschichte der Verschiebebahnhöfe ist, einem Unternehmen, dem leider eine rosige Zukunft und – wie die Geschichte seit Mitte der 1970er Jahre gezeigt hat – eine hohe politische Rendite prophezeit werden muss.

TTIP + TiSA: Versuch einer Annäherung

Für die OECD[1] besteht keine Zweifel: „Ein höheres Volkseinkommen (gemessen am Pro-Kopf-BIP) wird generell mit einer höheren Lebenserwartung bei der Geburt assoziiert, obwohl der Zusammenhang bei höheren Einkommensniveaus weniger ausgeprägt ist".[2] Und auch das Scheitern der DDR macht diesen Zusammenhang deutlich: Die „Fürsorgediktatur"[3] hat große Anstrengungen unternommen, ein vorbildliches Gesundheitswesen aufzubauen. Das Bemühen war ohne Zweifel groß. Obwohl der böse Kapitalismus die guten Polykliniken platt gemacht hat, gilt:

- „Kurz nach der Wende lebten die Bürger in den neuen Bundesländern im Schnitt 2,5 Jahre weniger. Bei Frauen ist nach rund 20 Jahren kein großer Unterschied mehr zwischen Ost und West festzustellen und auch bei den Männern wird die Differenz geringer."[4]
- „Die Bevölkerung in Ostdeutschland holt bei der Lebenserwartung auf. Zwar liegt die mittlere Lebenserwartung in den neuen Bundesländern derzeit noch niedriger als in den alten Bundesländern. Doch holt die Bevölkerung in Ostdeutschland zügig auf:

---

[1] Organisation for Economic Co-operation and Development, Organisation für wirtschaftliche Zusammenarbeit und Entwicklung; *http://www.oecd.org/*.

[2] *Die OECD in Zahlen und Fakten 2011/2012: Wirtschaft, Umwelt, Gesellschaft*

[3] Dies ist die Formulierung von Bundespräsident Joachim Gauck bei seinem Festvortrag „60 Jahre Bundessozialgericht" vom 11.9.2014; *http://www. bundespraesident.de/SharedDocs/Reden/DE/Joachim-Gauck/Reden/2014/09/ 140911-Bundessozialgericht.html*.

[4] Braun, Maria: Wo die Menschen in Deutschland am längsten leben, in: Die Welt 29.4.2011.

Zwischen 1990 und 2002/2004 stieg in den neuen Ländern (ohne Berlin-Ost) die Lebenserwartung der Frauen um 4,59 Jahre, die der Männer um 5,27 Jahre."[5]

Es kann also festgehalten werden, dass der Kapitalismus dem deutschen Gesundheitswesen gut tut, Wirtschaftswachstum zu mehr Gesundheit führt.

Elementar ist also die Frage, was man tun kann, damit die Geldmaschine Kapitalismus nicht zu stottern beginnt und damit der Stoff, der unser Gesundheitswesen am Laufen hält, nicht knapp wird. Eine „Transatlantic Trade and Investment Partnership" könnte doch das Schwungrad liefern, das den Geldzufluss am Laufen hält.

Das Versprechen von TTIP ist beeindruckend: „Um 119 Milliarden Euro pro Jahr könnte die TTIP die europäische Wirtschaft ankurbeln – dies entspricht einem jährlichen Zusatzeinkommen von etwa 500 Euro pro Haushalt in Deutschland. In einer Zeit, in der unsere Wirtschaft in Europa gar nicht oder nur sehr langsam wächst, würde das Abkommen dem Bruttoinlandsprodukts einen Wachstumsschub geben. Studien gehen davon aus, dass das BIP zusätzlich um 0,5 bis ein Prozent wachsen könnte. Die Washingtoner Denkfabrik CEPA[6] rechnet mit einer Steigerung der Bruttoinlandsprodukte der USA und der EU-Staaten von über 250 Mrd. Dollar sowie Hunderttausender neuer Arbeitsplätze.[7] TTIP kann also als eine Art Konjunkturpaket gesehen werden, ohne dass dafür Steuergelder aufgebracht werden müssten."[8] Und das deutsche ifo Institut schätzt, „in der EU könnten

---

[5]   Gesundheitsberichterstattung des Bundes: Entwicklung der Lebenserwartung in Deutschland Kapitel 1.1.1 (Gesundheit in Deutschland, 2006); *https://www. gbe-bund.de/gbe10/abrechnung.prc_abr_test_logon?p_uid=gasts&p_aid=&p _knoten=FID&p_sprache=D&p_suchstring=10300::Brustkrebs*.

[6]   Center for European Policy Analysis; *http://cepa.org/*.

[7]   Angaben in: Ansgar Graw: Chronik des Missvergnügens, in: Trend 3/2015, S. 6 f.

[8]   Europäische Kommission: Die geplante Handels- und Investitionspartnerschaft zwischen der Europäischen Union und den Vereinigten Staaten (TTIP).

400.000 neue Arbeitsplätze entstehen, davon bis zu 110.000 allein in Deutschland."[9]

Aber es gibt auch völlig entgegengesetzte Meinungen. Der Ökonom Jeronim Capaldo sagt voraus, dass TTIP eine Massenverarmung in Europa bewirken werde. Rund 600.000 Arbeitsplätze würden durch das Abkommen vernichtet, es drohten Einkommenseinbußen von 4.800 Euro je Beschäftigten in nordeuropäischen Ländern.[10] Und die Ängste mobilisieren die Menschen: „In knapp zwei Monaten haben europaweit mehr als eine Million Menschen die selbstorganisierte Europäische Bürgerinitiative ‚Stop TTIP' unterzeichnet. Sie fordern einen Stopp der Verhandlungen über das Freihandelsabkommen TTIP mit den Vereinigten Staaten und wehren sich gegen die Ratifizierung des Abkommens CETA mit Kanada.[11] Organisiert wird die am 7. Oktober 2014 gestartete Bürgerinitiative von einem aus über 320 europäischen Organisationen bestehenden Bündnis.[12] TTIP macht Angst, droht, „den Staat unterzupflügen" und mobilisiert so viele Menschen für eine Demonstration wie seit dem Irak-Krieg nicht mehr.[13]

Deutschland und TTIP. *http://ec.europa.eu/deutschland/pdf/131003_country_ fiche_de.pdf.*

[9] *Aktuelles Stichwort: Transatlantisches Freihandelsabkommen.*

[10] Capaldo, Jeronim: The Trans-Atlantic Trade and Investment Partnership: European Disintegration, Unemployment and Instability. (Global Development and Environment Institute (Hrsg.): Working Paper 14-03) Oktober 2014, *http://ase.tufts.edu/gdae/Pubs/wp/14-03CapaldoTTIP.pdf.*

[11] Comprehensive Economic and Trade Agreement (CETA); Die Verhandlungen zu diesem Freihandelsabkommen wurden Mitte 2014 abgeschlossen; *http:// www.bmwi.de/DE/Themen/Aussenwirtschaft/Freihandelsabkommen/ceta,did= 643010.html.*

[12] Im Bündnis mit über 250 anderen Organisationen setzt sich OMNIBUS für einen Stopp der Verhandlungen ein: Eine selbstorganisierte Europäische Bürgerinitiative (EBI) wurde gestartet, *https://www.omnibus.org/stop_ttip.html.*

[13] Greive, Martin: „Wo wart Ihr damals, als es gegen TTIP ging?", in: Die Welt vom 11. Oktober 2015 *http://hd.welt.de/article147465556/.*

Und auch für die Befürworter ist TTIP mehr als nur ein weiteres Freihandelsabkommen: Ist es die letzte Chance den Freihandel?[14] Gibt es keinen anderen Weg, „die Globalisierung durch demokratische Politik zu gestalten"?[15]

Positive Erwartungen, beträchtliche Sorgen, komplette Ablehnung:[16] Die politische Diskussion zu TTIP in Deutschland polarisiert[17] in einem Maße, wie in der Vergangenheit Themen wie NATO-Doppelbeschluss oder Kernkraft. Wie beim NATO-Doppelbeschluss geht auch hier der Riss quer durch die SPD: Während der Parteivorsitzende und Bundeswirtschaftsminister Sigmar Gabriel zu den Befürwortern gehört, veröffentlicht die SPD-nahe Friedrich-Ebert-Stiftung eine Studie mit dem Titel „TTIP – Das Märchen vom Wachstums- und Beschäftigungsmotor".[18]

In der Diskussion vermischen sich verschiedene Ebenen, die getrennt betrachtet werden sollten bevor auf einzelne inhaltliche Aspekte eingegangen werden kann:

– TTIP als Projektionsfläche,
– TTIP als Indikator für Vertrauensverlust und
– TTIP als komplexes Problem für das Gesundheitswesen.

---

[14] So zum Beispiel Claudia Schmucker von der Deutschen Gesellschaft für Auswärtige Politik in: Die letzte Chance für den Freihandel, in: Cicero.de vom 2. März 2015.

[15] So Bundeswirtschaftsminister Sigmar Gabriel im Vorwärts: *http://vor waerts.de/122914/ttip-freihandelsabkommen-gabriel.html.*

[16] So die zusammenfassende Bewertung einer Expertenanhörung im Ausschuss für Wirtschaft und Energie zum Thema TTIP am 16.3.2015. *https://www.bun destag.de/dokumente/textarchiv/2015/kw12_pa_wirtschaft/363978*; dort auch ausführliche Dokumentation der Anhörung.

[17] Eine ständig aktualisierte Übersicht über Studien zu TTIP – sortiert nach pro und contra – findet sich unter diesem Stichwort auf der Internetseite von Lobbypedia: *https://lobbypedia.de/wiki/Transatlantic_Trade_and_Investment_Par tnership#cite_note-83.*

[18] Stephan, Sabine: TTIP – Das Märchen vom Wachstums- und Beschäftigungsmotor, in: WISO direkt. Analysen und Konzepte zur Wirtschafts- und Sozialpolitik, Oktober 2014, *http://library.fes.de/pdf-files/wiso/10969.pdf.*

TTIP als Projektionsfläche

Deutschland hat nach Aussagen von Bundeswirtschaftsminister Gabriel bereits „134 Handelsabkommen dieser Art"[19] geschlossen. Wie kommt es, dass ein weiteres jetzt so die Gemüter erregt? Relevante Faktoren sind die grundlegende Veränderung im Meinungsklima gegenüber der Idee des Kapitalismus sowie der Verlust der Vorbildrolle der USA als Verkörperung dieses Systems.[20] TTIP ist dafür die ideale Projektionsfläche. TTIP ist aber weit mehr. In der Welt der Social Media verschafft der Hashtag TTIP vielen Menschen Aufmerksamkeit für ihre Anliegen, die ursprünglich nicht zwingend etwas mit TTIP zu tun haben müssen. Wer den Datenschutz schon immer kritisch sah, der kann mit dem Hashtag TTIP davor warnen, dass der Datenschutz durch TTIP gefährdet wird. Auch wer schon immer gegen Tierversuche war, kann dies tun.

Nnatürlich gehören die traditionellen Atlantiker und Freihandelsbefürworter in der Regel zu den TTIP-Befürwortern. TTIP ist für sie mehr als ein Freihandelsabkommen: „ Europäer und US-Amerikaner teilen identische Werte und Anschauungen zu Freiheit und Menschenrechten, zur Funktion des Staates und zur Bedeutung der Wirtschaft".[21] Deshalb kann man die Zustimmung und Ablehnung auch als Gradmesser für die Stimmungslage im deutsch-amerikanischen Verhältnis nehmen. Da fällt schon auf, dass die Stimmung gegen TTIP ausgeprägter ist als in anderen europäischen Ländern: „Nur noch 39 Prozent der Deutschen befürworten den Abschluss von TTIP. Dagegen halten selbst in Frankreich fünfzig Prozent der Befragten TTIP für eine gute Sache, von 73 Prozent der Polen, 71 Prozent der Dänen und 65 Prozent der Briten zu schweigen."[22]

---

[19] Zitat aus einem Interview mit der FAS vom 6.12.2014 „Die Hysterie über Thüringen ist abenteuerlich".

[20] Siehe dazu: Meusch, Andreas: Herbst des Kapitalismus, Hamburg 2015.

[21] Graw, Ansgar: Chronik des Missvergnügens, in: Trend 3/2015, S. 6 f.

[22] Bubrowski, Helene/Frankenberger, Klaus-Dieter: Kleine Fangemeinde. Berechtigte Vorbehalte gegen TTIP oder Angstmacherei? in: FAZ vom 25.2.2015.

TTIP als Indikator für Vertrauensverlust

„Europas Unterhändler verhandeln hart für die Interessen der EU. Trottel sind sie nicht".[23] Die FAZ bringt ungewollt ein weiteres Problem auf den Punkt: Vertrauensbeweise häufen sich immer dann, wenn es gute Gründe gibt, dass genau dieses Vertrauen fehlt. So ist es hier auch: Der Hinweis darauf, dass Europas Unterhändler keine Trottel sind, macht nur Sinn in einer Situation, in der diese als solche erscheinen. TTIP ist der Kristallisationspunkt eines doppelten Vertrauensverlustes:

– in die Fähigkeit des politischen Systems, sich gegen die Interessen der multinationalen Konzerne durchzusetzen und
– in die Fähigkeiten und ggf. auch den Willen der politischen Akteure überhaupt die Interessen der Bürger zu wahren.

In der Kombination ist dies ein Indikator für schwindendes Vertrauen in die Problemlösungskompetenz des demokratischen Systems.

TTIP als komplexes Problem für das Gesundheitswesen

Aber natürlich sind mit TTIP reale Probleme verbunden, die die Verantwortlichen für komplexe Volkswirtschaften – Politiker wie Wirtschaftsführer – an die Grenzen ihrer Steuerungsmöglichkeiten bringen. Die Interdependenzen zu lenken, ist ein Hochseilakt. Darum soll es hier am Beispiel Gesundheitswesen gehen.

Ein Kernproblem in der öffentlichen Wahrnehmung sind Chlorhühnchen. Sind diese wirklich ein valides Argument, um grundsätzlich gegen TTIP zu sein[24]? Schließlich haben die deutschen Brauer ja weiland auch über Jahre nur deshalb vor dem Europäischen Gerichtshof für das deutsche Reinheitsgebot beim Bier gekämpft, um möglichst lange vor der Konkurrenz aus dem Ausland geschützt zu blei-

---

[23] Ibid.
[24] Selbst Deutschlands oberster Verbraucherschützer, Klaus Müller räumt ein: „Es gibt Wichtigeres als Chloshühnchen"; im *Interview mit der Südwest Presse vom 19.7.2015.*

ben. Die Niederlage der Brauer vor dem EuGH hat der Volksgesundheit der Deutschen aber keinen erkennbaren Schaden zugefügt. Aus der Perspektive des Gesundheitswesens ist es deshalb zunächst kein zwingendes Argument, sich reflexartig gegen TTIP auszusprechen. Inhaltlich sollen nun folgende Aspekte beleuchtet werden:

– Die Gesetzliche Krankenversicherung: Markt vs. Staat?
– Arzneimittel und TTIP,
– Investitionsschiedsgerichte,
– Auswirkungen auf die Organisation der sozialen Krankenversicherung und
– TTIP+TISA: Eine hyperbolische Mischung?

Die Gesetzliche Krankenversicherung: Markt vs. Staat?

Wichtig ist festzuhalten, dass Gesundheit kein Gut wie jedes andere ist. Das bestreitet grundsätzlich auch niemand in den Verhandlungen. Sowohl in den USA wie in Europa gibt es spezifische Regelungen, die den Besonderheiten dieses Gutes gerecht werden sollen. Nur liegen die Auffassungen darüber, was geregelt werden kann und muss, hier sehr weit auseinander. Die unterschiedlichen Vorstellungen davon, was der Markt regeln kann und was der Staat regeln muss, prallen hier besonders hart aufeinander. Hier wird es sehr grundsätzlich und bei den Wellen der seit dem 18. Jahrhundert geführten Diskussion ist TTIP ein Indiz für einen Gezeitenwechsel. In Deutschland war nach 1945 die Präferenz für den Freihandel keineswegs selbstverständlich, trotz des wirtschaftlichen Erfolges des Deutschen Zollvereins im 19. Jahrhunderts. Ohne den damit verbundenen Freihandel hätte es die Industrialisierung Deutschlands nicht gegeben. Gräfin Dönhoff schrieb im Frühjahr 1948 in „Die Zeit" über Ludwig Erhard: „Wenn Deutschland nicht schon eh ruiniert wäre, dieser Mann mit seinem absurden Plan, alle Bewirtschaftung aufzuheben, würde es gewiss fertig bringen. Gott schütze uns davor, dass der einmal Wirtschaftsminister wird." Der wirtschaftliche Erfolg der mit Freihandel verknüpften Sozialen Marktwirtschaft hat diese Position in Vergessenheit geraten lassen, das nachlassende Wirtschaftswachstum und die Krise seit 2008 haben den Gegnern des Freihandels, aber auch in der Exportnation Deutschland, wieder Auftrieb gegeben. Dem Staat wird wieder mehr zugetraut als dem Markt. Für das Gesundheitswesen ist dies nicht einmal eine deutsche Besonderheit. In Großbritannien haben es TTIP-Gegner deutlich schwerer als in Deutschland, die Sorge um ihr Gesundheitswesen, den *National Health Service* (NHS), macht aber auch dort Menschen zu TTIP-Gegnern. Das Problem: In den vergangenen Jahren sind Teile des NHS privatisiert worden. Selbst TTIP-Befürworter machen sich Sorgen, dass ein Abkommen bedeuten könnte, dass US-Konzerne sich in den NHS einkaufen und das britische Gesundheitssystem sich dadurch langfristig dem der USA angleicht.[25]

TTIP ist aber mehr als nur eine Projektionsfläche für die Diskussion Markt vs. Staat. Die TTIP-Gegner haben hier ein Argument auf ihrer Seite, das auch Befürworter marktlicher Ansätze im Gesundheitswesen nachdenklich stimmt: Die Unumkehrbarkeit: „Das Hauptproblem ist vielmehr das einmal vorgenommene Privatisierungen durch TTIP praktisch unumkehrbar werden. Mit den Vorgaben eines Freihandelsabkommens zu Liberalisierung und durch den Investitionsschutz können Konzerne sich gegen Einschränkungen oder eine Rekommunalisierung wehren. Sie können verhindern, dass einmal privatisierte Leistungen wieder in öffentliche Trägerschaft überführt werden. Dabei gilt es nicht nur als Investition aus den USA, wenn ein Konzern in Europa selbst Leistungen erbringt, sondern auch dann, wenn er finanziell an einem Unternehmen mit Sitz in Europa beteiligt ist. Bereits heute halten Investmentbanking-Unternehmen aus den USA Aktienpakete an den großen deutschen Krankenhauskonzernen Fresenius und Rhön-Klinikum AG", heißt es auf der Homepage des Umweltinstituts München.[26]

---

[25] Zaschke, Christian: Großbritannien: Gesundheitssystem in Gefahr, in: Süddeutsche Zeitung vom 24.7.2014.

[26] *http://www.umweltinstitut.org/fragen-und-antworten/freihandelsabkommen/tti p-das-abkommen-mit-den-usa/auswirkungen-von-ttip-auf-den-gesundheitsbere ich.html.*

Das Zitat zeigt auch, dass die Frage pro oder contra TTIP sich auch nicht auf die Formel USA vs. Europa reduzieren lässt, zumal die Auffassung, dass in den USA grundsätzlich mehr dem Markt überlassen wird, nicht grundsätzlich falsch ist, aber im Detail dann doch nicht immer zutrifft.[27] Beispiel Medizinprodukte: Den Skandal um die schlechte Qualität von Brustimplantaten hätte durch das US-amerikanische Zulassungssystem verhindert werden können. Dort bedürfen Medizinprodukte einer Zulassung durch die Arzneimittelbehörde FDA, die Hüftprothesen oder eben Brustimplantate nach Kriterien beurteilt, die denen bei Arzneimitteln vergleichbar sind. Nicht so in Europa. Da gibt es 80 „benannte Stellen"[28] wie TÜV oder DEKRA, die Medizinprodukte zertifizieren. Diese besitzen aber nur eingeschränkte Befugnisse gegenüber den Herstellern, wie der TÜV dargelegt hat, um zu erläutern, dass ihn keine juristische Schuld daran trifft, dass Frauen Brustimplantate mit Qualitätsmängel implantiert wurden.[29] Sinnvoll ist deshalb, dass der GKV-Spitzenverband die Verhandlungspartner auffordert, Produktnutzen und Patientensicherheit in den Mittelpunkt ihrer Gespräche zu stellen.[30]

---

[27] Überblick über die Themen aus Patientensicht und wichtige Quelle für die Ausführungen in diesem Abschnitt: Szent-ivany, Timot/Riesbeck, Peter: Wie das Freihandelsabkommen Patienten schadet, in: Berliner Zeitung vom 12.10.2014.

[28] „Benannte Stellen sind staatlich autorisierte Stellen, die – abhängig von der Risikoklasse der Medizinprodukte – Prüfungen und Bewertungen im Rahmen der vom Hersteller durchzuführenden Konformitätsbewertung durchführen und deren Korrektheit nach einheitlichen Bewertungsmaßstäben bescheinigen. Hersteller können sich an eine Benannte Stelle ihrer Wahl wenden, die für das entsprechende Verfahren und die betreffende Produktkategorie benannt ist." *http://www.dimdi.de/static/de/mpg/adress/benannte-stellen/.* Auf dieser Seite des „Deutschen Instituts für medizinische Dokumentation und Information" finden sich auch die Adressen dieser benannten Stellen.

[29] TÜV-Rheinland im PIP-Skandal entlastet, in: *Die Zeit vom 2.7.2015.*

[30] *http://www.gkv-spitzenverband.de/presse/themen/ttip/europa_ttip.jsp.*

Arzneimittel und TTIP

Bei Arzneimitteln haben die Europäische Union (EU) und die USA jeweils eigene Zulassungsbehörden, die Europäische Arzneimittelbehörde (EMA)[31] bzw. die *Food and Drug Administration* (FDA)[32], die unabhängig voneinander entscheiden. Es ist vorgekommen, dass die eine Institution ein Arzneimittel zuließ, die andere nicht. Abstrakt lässt es sich nicht einmal sagen, was besser ist. Einem Medikament die Zulassung zu versagen, das Therapien verbessert, das will keine der Behörden. Beide streben an, zu verhindern, dass Arzneimittel in den Verkehr kommen, die zu starke Nebenwirkungen haben. Und hier kommt es auf den Einzelfall an, abstrakt lässt sich das nicht bestimmen. Die FDA hat dabei ein Argument auf ihrer Seite: Contergan. Das war in Deutschland zugelassen, während die FDA die Zulassung untersagte. Allerdings muss man hinzufügen, dass man die Situation der 1960er Jahre, als Contergan zugelassen wurde, nicht mehr seriös für die Beurteilung des Status quo heranziehen kann. Durch den Contergan-Skandal hat sich das Zulassungswesen nachhaltig verändert, auch in Orientierung an der Praxis der FDA. Auch die Frage, welche Organisation intensiver prüft, ist nicht zielführend: Während der Prüfung ist das Medikament nicht zugelassen. Wenn es wirksam ist, dann wird kranken Menschen durch längeres Prüfen konkrete Hilfe vorenthalten. Länger zu prüfen ist also kein Selbstzweck, sondern immer eine Güterabwägung. Die beiden Behörden arbeiten schon zusammen und tauschen sich aus. Ob das durch TTIP besser oder schlechter wird, sollte im Lichte von konkreten Formulierungen beurteilt werden. TTIP als solches gefährdet zunächst nicht die Arzneimittelsicherheit.

Allerdings ist zu fragen, ob nicht Chancen zur Verbesserung der Arzneimittelzulassung ungenutzt bleiben. Dazu wäre es wichtig, dass alle klinischen Arzneimittelstudien veröffentlicht werden müssen, unabhängig davon, ob sie die Wirksamkeit eines Arzneimittels bele-

---

[31] *http://www.ema.europa.eu/ema/.*
[32] *http://www.fda.gov/.*

gen oder nicht. bislang gibt es hier einen *Publication-Bias*[33], die Wahrscheinlichkeit, dass Studien veröffentlicht werden, die die Wirksamkeit belegen, ist größer als die, dass Studien veröffentlicht werden, die keine Wirksamkeit belegen. Die Europäische Arzneimittelbehörde (EMA) plante deshalb eine Vorschrift, die vollständigen Daten klinischer Studien proaktiv zu veröffentlichen. „Seit Beginn der TTIP-Verhandlungen 2013 hat die EMA ihre Transparenzbestrebungen wieder deutlich eingeschränkt und auch die neue EU-Verordnung lässt Spielraum für die Deklaration von klinischen Studiendaten als Geschäftsgeheimnis."[34] Ob aus dem zeitlichen Zusammenhang ein kausaler geschlussfolgert werden kann oder muss, kann hier nicht beurteilt werden. Festzuhalten ist aber, dass die vollständige Veröffentlichung von Daten klinischer Studien helfen würde, den konkreten Nutzen eines Arzneimittels besser zu beurteilen. In diesem Sinne sollte TTIP dies bestärken und nicht behindern.

Zusätzliche Kosten für Arzneimittel könnten dadurch entstehen, dass die Patentlaufzeiten für Arzneimittel verlängert werden. Dies wäre im Interesse der forschenden Pharmafirmen in USA wie Europa, da erst nach Ablauf der Patentlaufzeit kostengünstigere Nachahmerpräparate (Generika) auf den Markt kommen dürfen, fände erst später ein intensiver Preiswettbewerb statt. Dass die Gefahr besteht, kann nicht ausgeschlossen werden, denn in den Verhandlungsdokumenten zum Transpacific Partnership (TPP) Abkommen[35] und dem europä-

---

[33] Siehe dazu: Meusch, Andreas: Moral Hazard in der gesetzlichen Krankenversicherung in politikwissenschaftlicher Perspektive, Baden Baden 2011, S. 386–393.

[34] Maier-Rigaud, Remi: Zwischen Transparenz und Geheimhaltung. Was bedeutet TTIP für die Veröffentlichungspraxis klinischer Studien im Arzneimittelbereich? In: Friedrich-Ebert-Stiftung (Hrsg.): WISO direkt. Analysen und Konzepte zur Wirtschafts- und Sozialpolitik, November 2014, *http://library. fes.de/pdf-files/wiso/11029.pdf.*

[35] Transpazifische strategische wirtschaftliche Partnerschaft (englisch Trans-Pacific Strategic Economic Partnership, kurz TPSEP) bzw. Transpazifische Partnerschaft (engl. Trans-Pacific Partnership, kurz TPP) Freihandelsabkommen von 2006 zwischen Brunei, Chile, Neuseeland und Singapur.

isch-kanadischen Abkommen CETA, die TTIP in vielerlei Hinsicht sehr ähnlich sind, finden sich entsprechende Passagen.[36] Die Analogie kann so sein, muss aber nicht.

Verfehlt scheint insbesondere die Verkürzung auf eine Gegenüberstellung USA vs. Europa. Bei den Patentlaufzeiten ist es eine Gegenüberstellung von Renditen für Pharmaunternehmen vs. Kosten für das Gesundheitswesen. Und da ist es insbesondere nach der Einführung der Affordable Care Act (Obama-Care) keineswegs selbstverständlich, dass die USA längere Patentlaufzeiten anstreben. Es muss allerdings eingeräumt werden, dass die US-Regierung bereits in der Vergangenheit schon einmal brachial interveniert hat, um US-amerikanische Unternehmensinteressen gegenüber der gesetzlichen Krankenversicherung in Deutschland und der Bundesregierung durchzusetzen.[37] Die Kostensituation im Arzneimittelsektor in den USA legt eher nahe, dass es im Interesse der USA ist, sich auf kürzere Patentlaufzeiten für Arzneimittel einzulassen, um Geld zu sparen, denn anders als häufig in Deutschland unterstellt, hat das Gesundheitssystem starke staatliche Elemente, bei dem der Steuerzahler die Kosten trägt. Das tut er selbstverständlich beim Militär, einschließlich Angehörigen und Veteranen, aber auch bei der Gesundheitsversorgung von Bedürftigen insbesondere Medicare[38] und Medicaid.[39]

---

[36] Umweltinstitut München *http://www.umweltinstitut.org/fragen-und-antworten/ freihandelsabkommen/ttip-das-abkommen-mit-den-usa/auswirkungen-von-ttip- auf-den-gesundheitsbereich.html.*

[37] Konkret: die Eingruppierung des Colesterinsenkers Sortis (Atorvastatin) der Firma Pfizer in die Festbetragsgruppe der Statine. Am Ende erfolgslos und es blieb nur ein kurzer Absatz (S. 15) über "konstruktive Diskussionen" im Bericht des Office oft he United States Trade Representative "2008 Special 301 Report". Darin wird aber deutlich, dass die US-Regierung sich die Argumentation von Pfizer zu eigen macht, dass die Entscheidung über den Festbetrag einen Verstoß gegen den Innovationsschutz sei.

[38] Medicare ist die öffentliche und bundesstaatliche Krankenversicherung für ältere oder behinderte Bürger mit relevanten Eigenanteilen der Versicherten. 2009 wurden rund 45 Millionen Bürger durch die Medicare versorgt.

Für 2016 werden für die USA Arzneimittelausgaben pro Kopf von 892 Dollar prognostiziert gegenüber 375 Dollar in den fünf großen EU-Ländern.[40] Deshalb ist auch der ehemalige Bundesgesundheitsminister Daniel Bahr, der 2014 für den amerikanischen Thinktank „Center for American Progress" tätig war und auch die US-Regierung bei der Umsetzung von Obamacare berät, davon überzeugt, dass die immensen Arzneimittelpreise in den USA zu Kostenregelungen führen wird: „Auf Dauer und angesichts der steigenden Prämien für die Krankenversicherung wird man es nicht erklären können, dass in den USA deutlich höhere Preise gezahlt werden als in anderen Ländern".[41]

Kritisch zu sehen ist die Möglichkeit, sich mit Werbung für verschreibungspflichtige Arzneimittel direkt an die Verbraucher zu wenden. Dies ist in den USA erlaubt, in der EU aber verboten. Wichtig ist aber, dass auch dies kein Thema ist, dass der Logik USA vs. Europa zuzuordnen ist. Es gab auch in der EU lange vor TTIP massive Bestrebungen, Werbung für Arzneimittel beim Verbraucher zu ermöglichen.[42] Richtig ist, dass TTIP für diejenigen, die dies ohnehin wollen, eine gute Möglichkeit schafft, sich durchzusetzen. Ob die USA überhaupt fordern, dass ihre Regelung in TTIP übernommen wird, konnte

---

[39] Medicaid (Medical Assistance) ist ein Gesundheitsfürsorgeprogramm für Personenkreise mit geringem Einkommen, Kinder, ältere Menschen und Menschen mit Behinderungen, das von den einzelnen Bundesstaaten organisiert und paritätisch mit der Bundesregierung finanziert wird.

[40] *http://de.statista.com/statistik/daten/studie/238034/umfrage/pro-kopf-arzneimi ttelausgaben-in-ausgewaehlten-regionen-und-laendern/*, in dieser Statistik werden nur Werte für „EU5" und „Resteuropa" angegeben. Der hier zitierte Wert ist der für EU5 (Deutschland, Frankreich, Groß Britannien, Spanien, Italien).

[41] In einem Interview mit dem Dt. Ärzteblatt vom 8.10.2014: Bahr: Gesundheitssystem der USA steht unter Druck, *http://m.aerzteblatt.de/news/60372.htm.*

[42] Seit 2007 hat die Europäische Kommission versucht, ein neues Gesetz für mehr Patienteninformation durch die Industrie durchzusetzen. Ausführliche Chronologie unter: *http://www.bukopharma.de/index.php?page=chronologie,* die Bundeskoordination Internationalismus (BUKO) ist ein Zusammenschluss von 130 Dritte Welt Aktions- und Solidaritätsgruppen in Deutschland.

nicht recherchiert werden. Mit Blick auf die bereits bestehenden Möglichkeiten des *Diseasemongering*, von Awareness-Kampagnen, die häufig nichts anderes sind als ein faktisches Unterlaufen des Verbots der direkten Ansprache von Versicherten, sowie der massiven Einflussnahme der Pharmaindustrie auf Selbsthilfeorganisationen,[43] ist aus Patientenperspektive eine weitere Liberalisierung der Werbemöglichkeiten für Pharmaprodukte abzulehnen. Diese Logik gilt aber auch auf beiden Seiten des Atlantiks. Vielleicht sind die USA ja nicht abgeneigt, mit Verweis auf TTIP, sich der in der EU bestehenden Regelung anzupassen.

Erhalten bleiben muss auch die Möglichkeit des nationalen Gesetzgebers, die Arzneimittelpreise zu regulieren und aufgrund der hohen Kosten der Arzneimittelversorgung in den USA sollte dies auch ein Interesse der USA sein. Staatliche Regelungen für Arzneimittelpreise sind ein zentraler Aspekt der Gesundheitspolitik, davon wird in Deutschland in überreichem Maße Gebrauch gemacht. Auch wenn man hier durchaus Überregulierung erkennen kann:[44] Das Recht des deutschen Gesetzgebers, dies zu tun, ist fundamental und darf nicht durch TTIP in Frage gestellt werden, wenn die Finanzierung der gesetzlichen wie privaten Krankenversicherung nicht gefährdet werden soll.

Investitionsschiedsgerichte

Dies führt zu der Frage der Investitionsschiedsgerichte, bei denen private Firmen gegen Staaten klagen können, den sogenannten *investor-state dispute settlement* (ISDS).[45] Deutschland hat bereits 134 Investitionsschutzabkommen geschlossen und das Europaparlament

---

[43] Siehe dazu Meusch, Andreas: Moral Hazard in der gesetzlichen Krankenversicherung in politikwissenschaftlicher Perspektive, Baden Baden 2011, S. 374–386.

[44] Siehe ibid., S. 336–339.

[45] Dieser Absatz ist eine Paraphrase aus dem Artikel: Burgsdorff, Christoph von: TTIP und Schiedsgerichtsbarkeit, in: Wirtschaftsrat, Ausgabe Oktober 2015, S. 12. Der Autor ist Fachanwalt für Handels- und Gesellschaftsrecht.

hat bereits 2014 gegen die Stimmen der Grünen und Linken einer Regelung der finanziellen Zuständigkeit bei Investor-Staat-Streitigkeiten vor Schiedsgerichten zugestimmt.[46] Das Schiedsgericht wird in der Regel aus drei Richtern gebildet, wobei jede Partei einen Schiedsrichter ernennt. Diese bestimmen einen unabhängigen Vorsitzenden. Deutsche Unternehmen haben sich durch ein solches Schiedsgericht erfolgreich gegen die rückwirkende Kürzung der Förderung von Photovoltaik- und Windkraftanlagen gewehrt. Sie haben vor einer Institution der Weltbank, dem Schiedsgericht des Internationalen Zentrums zur Beilegung von Investitionsstreitigkeiten in Washington D.C. (ICSID),[47] ihre Ansprüche geltend gemacht.

Auch gegen Deutschland wurde bereits Klage erhoben. „Als Beispiel dient die Klage des schwedischen Energieunternehmens Vattenfall vor dem Washingtoner ICSID, in der von der Bundesregierung 4,7 Milliarden Euro Schadenersatz plus Zinsen für den plötzlichen deutschen Ausstieg aus der Atomenergie nach der Fukushima-Katastrophe im März 2011 verlangt wird. TTIP öffne Tür und Tor für derlei Klagen, die hart erkämpfte europäische Regelungen in Gefahr brächten, den politischen Handlungsspielraum europäischer Regierungen massiv verringerten und Europa zum neuen Spielfeld amerikanischer „ambulance chasers" machten, also von klage- und gebührenwütigen Anwaltskanzleien".[48] Die Klagefreudigkeit von Unternehmen gegenüber Staaten, mit denen ein entsprechendes Abkommen geschlossen wurde, macht deutlich, dass zumindest im Gesundheitssektor alles gegen solche Schiedsgerichte spricht: „Der Pharmahersteller Eli Lilly klagt gegen Kanada im Streit um Arzneimittelpa-

---

[46] *http://www.heise.de/newsticker/meldung/Europaparlament-stimmt-Investoren schutz-nach-TTIP-Vorbild-zu-2173345.html.*

[47] International Center for Settlement of investment disputes; *https://icsid. worldbank.org/apps/ICSIDWEB/Pages/default.aspx.*

[48] Leibfried, Stephan: TTIP: Von Gewinnern und Verlierern, in: FAZ vom 13.05.2015; Der Autor ist Professor am Zentrum für Sozialpolitik (ZES) in Bremen und leitet dort die Abteilung Institutionen und Geschichte des Wohlfahrtsstaates. *http://www.zes.uni-bremen.de/abteilungen/institutionen-und-ge schichte-des-wohlfahrtsstaates/.*

tente, der Versicherungskonzern Achmea geht gerichtlich gegen den slowakischen Staat wegen einer Krankenversicherungsreform vor und Philipp Morris verklagt Australien wegen der Anti-Tabak-Politik der Regierung".[49] Allein das Risiko, dass ein Pharmakonzern gegen regulatorische Eingriffe des deutschen Gesetzgebers klagen kann, verändert dessen Verhalten. Diese Möglichkeit ist deshalb abzulehnen. Dies entspricht auch der Position der Bundesregierung: „Die Bundesregierung ist sich der besonderen Bedeutung der Sozialversicherung in Deutschland als wesentliches Fundament für den Sozialstaat bewusst. Die Sozialversicherung darf daher in ihrer Funktionsweise durch TTIP oder andere Handelsabkommen nicht beeinträchtigt werden. Handelsabkommen der EU dürfen die Spielräume in Deutschland zur Organisation der Sozialversicherung, unabhängig von ihrer konkreten Ausgestaltung, Trägerstruktur und Finanzierung nicht einschränken."[50] Außerdem entspricht dies geltendem EU-Recht: Art. 168 Abs. 7 des Vertrages über die Arbeitsweise der Europäischen Union stellt klar, dass die Verantwortung der Mitgliedstaaten für die Festlegung ihrer Gesundheitspolitik sowie für die Organisation des Gesundheitswesens und der medizinischen Versorgung zu wahren ist. Damit ist nicht vereinbar, dass die EU ein Abkommen schließt, dass Unternehmen die Option eröffnet, gegen Staaten zu klagen, die von dieser Möglichkeit Gebrauch machen. Allerdings fordert nicht einmal der Verband der forschenden Arzneimittelhersteller (vfa)[51], der positiv gegenüber TTIP eingestellt ist und in dem US-amerikanische Konzerne keine unwichtige Rolle spielen, explizit solche Schiedsgerichte.[52]

---

[49] Szent-Ivany, Timot/Riesbeck, Peter: Wie das Freihandelsabkommen Patienten schadet, in: Berliner Zeitung vom 12.10.2014.

[50] Antwort auf die Kleine Anfrage der Fraktion Bündnis 90/Die Grünen (BT-Drucksache 18/5620 vom 21.7.2015).

[51] *https://www.vfa.de/.*

[52] In der Position des vfa heißt es: „Keine Innovationen ohne Investitionen und keine Investitionen ohne adäquaten Schutz." *http://www.vfa.de/de/wirtschaft-politik/artikel-wirtschaft-politik/ttip-die-transatlantische-handels-und-investitions-partnerschaft.html.*

Auswirkungen auf die Organisation der sozialen Krankenversicherung

Das deutsche Gesundheitswesen hat TTIP allerdings noch auf eine völlig andere Art zu fürchten. Dessen besondere Rolle irgendwo zwischen Staat und Markt ist schon schwierig mit dem funktionalen Unternehmensbegriff des EU-Rechts in Einklang zu bringen. Dieser kennt eigentlich nur Markt oder Staat. Die Sonderform der deutschen gesetzlichen Krankenversicherung mit einer solidarischen Wettbewerbsordnung, der Möglichkeit der untergesetzlichen Regelungen durch Organe der Selbstverwaltung von Kostenträgern und Leistungserbringern passt nur schwer in diesen digitalen Ordnungsrahmen. Auch innerhalb der EU hat das deutsche Modell in Brüssel nicht viele Befürworter. Das Risiko, dass TTIP Diskussionen um den deutschen Sonderweg im Gesundheitswesen befördert oder zumindest die EU-Verhandler in Unkenntnis seiner Besonderheiten diese nicht berücksichtigen, kann nicht wegdiskutiert werden. Hier liegen Herausforderungen, die nicht unterschätzt werden sollten.

Und da gibt es ein sehr grundsätzliches Problem, denn für die gesetzliche Krankenversicherung (GKV) gibt es nach dem aktuell verfügbaren Stand kein eigenes Kapitel, sie wird in dem Kapitel über Finanzdienstleistungen mitbehandelt. Dies bietet keine hinreichende Gewähr dafür, dass den Besonderheiten des deutschen Systems Rechnung getragen werden kann. Zwar erklärt die Bundesregierung, dass TTIP und CETA keine Bedrohung für die GKV seien und diese nicht tangierten[53], solange aber die Zuordnung zu Fragen der Finanzdienstleistung bleibt, ist Skepsis geboten. Außerdem sind in dieser Frage die beiden Abkommen auch deutlich zu differenzieren. Kanada hat ein völlig anderes Gesundheitssystem als die USA. Mit Kanada zu einer Vereinbarung zu kommen, die den Besonderheiten des Krankenversicherungsmarktes mehr Rechnung trägt, erscheint leichter als mit den USA.

---

[53] Siehe. dazu AOK-Bundesverband (Hrsg.): G+G Blickpunkt Nr. 8/2015, S. 5.

TTIP+TISA: Eine hyperbolische Mischung?

Die Frage, ob das Gesundheitswesen eine Dienstleistung eigener Art oder wie andere Dienstleistungen zu behandeln ist, steht auch auf der Agenda von Verhandlungen für ein „Abkommen über den Handel mit Dienstleistungen", das *Trade in Services Agreement* (TiSA). Es geht um einen völkerrechtlichen Vertrag zwischen 23 Parteien, einschließlich der Europäischen Union (EU) und den USA.[54] Deutschland ist also – im Gegensatz zu Panama oder Peru – nur mittelbar an den Verhandlungen beteiligt, die möglichen Ergebnisse gelten aber unmittelbar. Für das Bundeswirtschaftsministerium geht es darum, „Erleichterungen für deutsche Unternehmen durch Marktöffnungen in interessanten Dienstleistungsmärkten [zu] erreichen".[55] Die in TiSA zu verhandelnden Punkte betreffen aber auch Fragen der Daseinsvorsorge (also insbesondere Gesundheit, Bildung, Wasserversorgung oder Transport), die in Deutschland zum Teil Länderkompetenzen berühren – eine schwierige verfassungsrechtliche Frage. Und eine Frage von sehr großer Reichweite, denn das Ziel von TiSA ist, Bewegung in die festgefahrenen Verhandlungen zum „Allgemeinen Abkommen über den Handel mit Dienstleistungen" (GATS)[56] zu bekommen. „Die konsequente Anwendung des Gats würde auf die Abschaffung aller öffentlichen Dienstleistungen – vom Bildung- und Gesundheitsweisen bis zum Transport- und Energiesektor – hinauslaufen, die derzeit in den meisten europäischen Ländern noch gang und gäbe sind. Die Liberalisierung bedeutet Unterwerfung unter die

---

[54] *http://trade.ec.europa.eu/doclib/docs/2013/june/tradoc_151374.pdf.*

[55] *http://www.bmwi.de/DE/Themen/Aussenwirtschaft/Freihandelsabkommen/tisa. html*

[56] „Das Allgemeine Übereinkommen über den Handel mit Dienst-leistungen (General Agreement on Trade in Services, GATS) trat 1995 in Kraft. Es bezieht den internationalen Handel mit Dienstleistungen in den Prozess der Liberalisierung des Welt-handels ein"; *http://www.bmz.de/de/was_wir_machen/ themen/wirtschaft/welthandel/welthandelssystem/GATS.html.*

Spielregeln eines Wettbewerbs, der durch keinerlei Sozial-, Gesundheits- oder Umweltgesetzgebung behindert werden darf."[57]

Sollten über TiSA und/oder TTIP die GATS-Grundsätze verwirklicht werden, dann ist auch nach Sichtweise der Bundesregierung die GKV in höchster Gefahr, was die Aussage auf der offiziellen Seite eines Bundesministeriums deutlich macht: „GATS deckt alle Dienstleistungen ab, vom Tourismus bis zum Bankensektor. Ausgenommen sind nur Dienstleistungen, die ‚in Ausübung hoheitlicher Gewalt' erbracht werden. Nach Definition des GATS sind darunter nur solche staatlichen Leistungen zu verstehen, die nicht auf kommerzieller Basis oder im Wettbewerb mit anderen Dienstleistern erbracht werden, zum Beispiel das Polizeiwesen."[58] Deutschland müsste also entweder ein staatliches Gesundheitswesen einrichten oder Dienstleister aus dem Ausland zulassen.

Der Sprengsatz für die GKV, der sich durch die Subsummierung unter Dienstleistungen in internationalen Abkommen zum Freihandel ergibt, er tickt.

---

[57] Raoul Marc Jennar: Vorsicht, Tisa!, in: Le Monde diplomatique (deutsch) vom 11.9.2014; *http://www.monde-diplomatique.de/pm/2014/09/12/a0055.text.*

[58] *http://www.bmz.de/de/was_wir_machen/themen/wirtschaft/welthandel/welthandelssystem/GATS.html*

Wie wichtig ist die EU für die deutsche Sozialpolitik?

Nur Gefährdungsvermeidung?

In Deutschland wird die Bedeutung der Europäischen Union (EU) für unser Gesundheitswesen massiv unterschätzt. Daran hat auch die Tatsache nichts geändert, dass gesetzlich Krankenversicherte durch die Urteile des Europäischen Gerichtshofes (EuGH) Gesundheitsleistungen innerhalb der Europäischen Union, des Europäischen Wirtschaftsraums und der Schweiz vereinfacht in Anspruch nehmen können. Hervorzuheben ist hier das Urteil in den Fällen Kohll und Decker vom 28. April 1998[1], das Krankenversicherungen wie staatliche Gesundheitssysteme erstmals dazu verpflichtete, unter bestimmten Voraussetzungen für im EU-Ausland erbrachte Gesundheitsdienstleistungen aufzukommen, auch wenn kein Notfall vorliegt und die Betroffenen keine Grenzgänger sind. Es hat bis zum Gesundheitsmodernisierungsgesetz (GMG) 2004 gedauert, bis der deutsche Gesetzgeber die Konsequenzen aus diesem Urteil für die gesetzlich Krankenversicherten gezogen hatte.

Die Urteile des EuGH sind öffentlich und bringen für die Versicherten Vorteile. Daher überrascht es nicht, dass im Gegensatz zu vielen anderen Politikbereichen der europäische Bürger im Politikfeld Gesundheit keine Europaskepsis hat. Relevante Eingriffe der Europä-

---

[1]   Rechtssachen Kohll (C-158/96) und Decker (C-120/95): Jeweils ohne vorherige Genehmigung ihrer Krankenkasse hatten der Luxemburger Kohll für seine Tochter eine kieferorthopädische Behandlung bei einem deutschen Zahnarzt vornehmen lassen und der Niederländer Decker Brillengläser bei einem Optiker in Belgien erworben. In beiden Fällen hatten die Krankenkassen der Versicherten die Kostenübernahme verweigert. Der EuGH hat in seinen Urteilen die Krankenkassen zur Kostenübernahme verpflichtet.

ischen Union in die nationalen Gesundheitssysteme sind den Bürgern aber weitgehend unbekannt, eine öffentliche Diskussion findet praktisch nicht statt, und selbst die Möglichkeiten der nationalen Gesetzgeber, diese Interventionen zu steuern, sind äußerst gering. Es darf bezweifelt werden, dass das Urteil der Bürger über europäische Gesundheitspolitik so positiv ausfiele, wenn diese Dimension bei den Befragungen mit berücksichtigt würde. In einer forsa-Umfrage waren immerhin 51 Prozent der Befragten der Überzeugung, dass eine einheitliche Gesundheitsversorgung in Europa zu mehr, nicht zu weniger Ungerechtigkeit führen würde, bei den gesetzlich Krankenversicherten waren es sogar 54 Prozent. Die Bürger begrüßen also die Möglichkeit, sich im EU-Ausland behandeln lassen zu können, sie sind mehrheitlich aber gegen eine Harmonisierung der Gesundheitssysteme in Europa. Die Finanz- und Staatsschuldenkrise hat seit 2008 die europapolitische Agenda völlig verändert. Themen die zuvor relevant waren, sind völlig aus der öffentlichen Wahrnehmung verschwunden. Die immer neuen Rettungspakete lassen wenig Raum für eine sozialpolitische Agenda der Europäischen Union (EU).

Im Kernbereich der sozialen Gesundheitspolitik ist Brüssel eigentlich nur für Fragen der so genannten „Gefährdungsvermeidung" zuständig. Dazu zählen u. a. die Sicherheit von Arzneimitteln, Blut- und Gewebeprodukten sowie ähnliche Bereiche. Mit der Organisation des Sozialsystems hat die EU direkt kaum etwas zu tun. Wie stark die deutsche Ratspräsidentschaft aber auch unmittelbar das Gesundheitswesen in Deutschland beeinflusst, hat Gesundheitsministerin Ulla Schmidt am 6. Juli 2006 in der ZDF-Sendung „Berlin Mitte" deutlich gemacht. Auf die Frage, warum nicht durch Steuermittel ein Anstieg der Beiträge in der gesetzlichen Krankenversicherung im Jahr 2007 verhindert würde, sagte sie: „Sie glauben doch nicht ernsthaft, dass ein Land, das die Ratspräsidentschaft hat, mit einem Haushalt bestehen kann, der nicht einmal die Maastricht-Kriterien einhält." Das Beispiel zeigt: Wer die europäische Dimension nicht bedenkt, kann wichtige Weichenstellungen in unserem Gesundheitssystem nicht nachvollziehen. Außerdem wirkt der Geist der weitgehend erfolglosen „Lissabon-Strategie" indirekt auf das deutsche Gesundheitssystem ein – insbesondere in Richtung auf mehr Steuerung durch den Staat. Tragisch ist, dass auch im Gesundheitswesen selbst bei erwiesener Erfolglosigkeit nicht von Irrwegen abgewichen wird: Die staatlichen Gesundheitssystem in anderen EU Staaten belegen keineswegs die Überlegenheit von Steuerfinanzierung, staatlichen Fonds oder Einheitskassen. Vielmehr sind Wartelisten ihr prägendes Element. Wir können somit vieles im Ausland lernen – auch, wie man es nicht machen sollte. Es droht die Gefahr, dass wir unsere ordnungspolitischen Grundüberzeugungen von Staatsferne, Versichertenorientierung und Selbstverwaltung in weiten Teilen aufgeben und uns ausländischen Strukturen annähern. Problematisch daran ist, dass die Patienten dort in den meisten Fällen die Leidtragenden sind. Die Schwächung funktionstüchtiger, selbstverwalteter Solidargemeinschaften zugunsten eines dominierenden Staates würde zwangsläufig vergleichbare Folgen zeigen. Warum wurde dieser Beitrag, dessen Grundgerüst zwei Artikel aus dem Jahr 2007 waren, in diese Essaysammlung mit aufgenommen? Weil die Bedeutung der Europäischen Union auch für unser Gesundheitswesen noch immer massiv unterschätzt wird. Es geht uns also darum, dies zu ändern. Der Blick soll nicht nur auf die Gefahren eines europäischen Etatismus gerichtet werden.

Gleichzeitig soll bei der grassierenden Europaskepsis in Deutschland auch die auf Chancen für Patienten und die deutsche Gesundheitswirtschaft hingewiesen werden. Unsere Gesundheitsdienstleistungen können ein Exportschlager werden. Gerade weil Deutschland eines der leistungsfähigsten Gesundheitssysteme hat, liegen hier ungenutzte Möglichkeiten. Unsere Medizin braucht keinen internationalen Vergleich zu scheuen. Millionen Menschen können sich die Versorgungswirklichkeit in Deutschland nur wünschen. Deshalb ist es sinnvoll, den „Gesundheitsstandort Deutschland" als Markenzeichen mit den Kernelementen soziale Teilhabe, Leistungskraft der Wirtschaft, selbst verwaltete Solidargemeinschaften und sozial verträglicher Wettbewerb zu stärken. Das sichert eine qualitativ hochwertige, freiheitliche und am Patienten orientierte Versorgung. Europa ist und bleibt eine positive Perspektive für Deutschland.

Keine Erfolgsgeschichte: Die EU-Sozialpolitik

Die Zuständigkeiten für Gesundheitsschutz[2] und „Public Health" (Gesundheitswesen)[3] setzten dem politischen Gestaltungswillen in Brüssel natürliche Grenzen. Die EU hat auf zwei Wegen versucht, die Kompetenzen zu erweitern:

- Über die Verträge von Amsterdam und Lissabon wurden ihre Kompetenzen ausgeweitet. So führt der relevante Artikel 168 des Vertrages über die Arbeitsweise der Europäischen Union den sehr allgemeinen und weit auslegbaren Titel „Gesundheitswesen", in dem sie sich nicht mehr darauf beschränken muss, subsidiär tätig zu werden, sie erhält die weitreichende Kompetenz Aktivitäten der Mitgliedsstaaten zu „ergänzen":

„Die Tätigkeit der Union ergänzt die Politik der Mitgliedstaaten und ist auf die Verbesserung der Gesundheit der Bevölkerung, die Verhütung von Humankrankheiten und die Beseitigung von Ursachen für die Gefährdung der körperlichen und geistigen Gesundheit gerichtet. Sie umfasst die Bekämpfung der weit verbreiteten schweren Krankheiten, wobei die Erforschung der Ursachen, der Übertragung und der Verhütung dieser Krankheiten sowie Gesundheitsinformation und -erziehung gefördert werden; außerdem umfasst sie die Beobachtung, frühzeitige Meldung und Bekämpfung schwerwiegender grenzüberschreitender Gesundheitsgefahren.

Die Union ergänzt die Maßnahmen der Mitgliedstaaten zur Verringerung drogenkonsumbedingter Gesundheitsschäden einschließlich der Informations- und Vorbeugungsmaßnahmen".[4]

---

[2] Lt. Vertrag von Amsterdam: Art. 3 Abs. 1(p); Art. 30, Art. 39 Abs. 3; Art. 46 Abs. 1; Art. 95 Abs. 3, 6, 8; Art. 137; Art. 140; Art. 153; Art. 174 Abs. 1 und Art. 186.

[3] Art. 186.

[4] Artikel 168 des „Vertrages über die Arbeitsweise der Europäischen Union" (Lissabon-Vertrag); bis zum 30.11.2009 als Artikel 152 im „Vertrag zur Gründung der Europäischen Gemeinschaft" (Amsterdam-Vertrag).

- Die auf Freiwilligkeit beruhende OMK kann deshalb als zweites Einfallstor gesehen werden, über Soft-Law mehr Einfluss auf die Gesundheitspolitik der Mitgliedstaaten der EU zu gewinnen.

Eine kriegsentscheidende List scheint für Anhänger einer europäischen Sozialpolitik auch deshalb notwendig, weil die Geschichte der europäischen Sozialpolitik sich „eher als eine Geschichte des Versagens als eine Erfolgsgeschichte" verstehen lässt.[5] Dies kann nicht überraschen, ist doch die Grundphilosophie der EU von den vier Freiheiten geprägt, der Freizügigkeit von Gütern, Dienstleistungen, Kapital und Menschen. Leibfried/Pierson beschreiben das soziale Europa deshalb als Ergebnis von „Märkten und Gerichten".[6] Die Grundsatzentscheidung bei Gründung der EWG (1957), die Sozialpolitik in der Kompetenz der Nationalstaaten zu belassen, gilt strukturell bis heute. In der klassischen Auseinandersetzung der „advocacy groups" der ökonomisch orientierten Akteure vs. die sozialpolitisch orientierten Akteure, hatten letztere über Jahrzehnte hinweg eher das Nachsehen. Der Antagonismus „Nationales Sozialrecht und Europäisches Binnenmarktrecht" ist eine Argumentationsfigur, aus der Argumente für die OMK entwickelt werden.[7]

Die Grundkonstellation, ob Gesundheitsthemen eher unter Marktgesichtspunkten oder unter sozialpolitischen Gesichtspunkten zu betrachten sind, ist auch in der EU ein Dauerbrenner, von dem die Öffentlichkeit nur selten etwas mitbekommt. Zu diesen Ausnahmen

---

[5] Siehe dazu Pochet, Philippe (2005), The Open Method of Co-ordination an the Construction of Social Europa. A Historical Perspective, in: Zeitlin, J./Pochet, P.(eds.), The Open Method of Coordination in Action. The European Employment an Social Inclusion Strategies, Brussels, zitiert nach der Veröffentlichung unter *www.ose.be/files/pie/PIEzeitlinCH1PP.pdf*, S. 1 und 3.

[6] Leibfried, Stephan/Pierson, Paul (2000), Social Policy. Left to Courts an Markets?, in: Wallace, Helen/Wallace William (eds.), Policy-Making in the European Union, Oxford, S. 267–292.

[7] Busse, Reinhard (2004): Neue Verfassung, neue Sozialpolitik?, in Gesundheit und Gesellschaft (GuG), Ausgabe 2/2004, S. 34–40, S. 39; Schulte, Bernd (2005): Europäische Vorgaben für die nationalen Gesundheitssysteme – Ziele und Instrumente, in: GGW, Heft 4 2005, S. 15–25, S. 18.

gehört die Zuständigkeit für Arzneimittelthemen in der Juncker-Kommission. Der neue Kommissionspräsident wollte zunächst Forschung und Gesundheit dem Wirtschaftsressort zuschlagen[8], musste aber dann auf Druck von Ärztevertretern und aus dem Europaparlament die Kompetenzen für Arzneimittel und Medizinprodukte dem Ressort für Gesundheit und Lebensmittelsicherheit zuordnen.[9] Zur Dialektik der EU gehört es, dass er dem neuen Kommissar, dem Sozialdemokraten Vytenis Andriukaitis aus Litauen faktisch die Selbständigkeit nimmt, indem er ihn darauf beschränkt, seinen Beitrag zu leisten zu Projekten, die gesteuert und koordiniert werden vom Vizepräsidenten für Arbeitsplätze, Wachstum, Investitionen und Wettbewerbsfähigkeit,[10] dem Angehörigen der EVP, dem Finnen Jyrki Katainen.

Mit Ausnahme der Agrarpolitik und in bescheidenerem Ausmaß in den Regional- und Strukturfonds findet aus der Perspektive der sozialpolitisch orientierten Akteure auf europäischer Ebene zu wenig Umverteilung statt, es dominiert die Marktöffnungsstrategie. Im Laufe der 1980er und in den 1990er Jahren des vergangenen Jahrhunderts verschärfte sich dieses strukturelle Defizit:

– Die Schaffung des Binnenmarktes und später die einer einheitlichen Währung setzen marktorientierte Dynamiken in Gang, ohne

---

[8] Kuhrt, Nicola: Neue EU-Kommission: Juncker wertet Forschung und Gesundheit ab, in: Der Spiegel vom 22. September 2014; *http://www.spiegel.de/wissenschaft/mensch/eu-kommission-forschung-und-gesundheit-nur-nachgeordnet-a-992371.html.*

[9] Heike, Korzilius: Europäische Union: Parlament bestätigt EU-Kommission, in: Dtsch Arztebl 2014; 111(44): A-1888 / B-1616 / C-1548.

[10] Im „Mission Letter", den Juncker am 1. November 2014 seinem neuen Kommissar überreicht hat, heißt es wörtlich: „You will, in particular, contribute to projects steered and coordinated by the Vice-President for Jobs, Growth, Investment and Competitiveness As a rule, you will liaise closely with him also for other initiatives requiring a decision from the Commission." *http://ec.europa.eu/commission/sites/cwt/files/commissioner_mission_letters/andriukaitis_en.pdf.*

dass es zu den von der funktionalistischen Integrationstheorie pro-
gnostizierten Spill-over-Effekten in andere Politikbereiche[11] kam;
- Die Integrationsdynamik in der EU beschleunigt sich. So betont
Danner[12], dass seit dem Vertrag von Maastricht (1992) mehr nationale Souveränitätsrechte an Brüssel abgetreten wurden als im
Zeitraum davor seit Gründung der EWG im Jahr 1957.
- Die Erweiterungsrunden der EU verschärften die wirtschaftlichen
und sozialen Ungleichheiten unter den Mitgliedern. Selbst einfa-
che Indikatoren wie Bruttosozialprodukt (BSP) pro Kopf der Bevölkerung und Anteil der Sozialausgaben machen deutlich, wie
utopisch eine Angleichung der Sozialsysteme erscheint.[13] Andererseits können auch marktorientierte Akteure sich nicht mehr der
Notwendigkeit einer stärkeren sozialen Flankierung der Anpas-
sungsprozesse entziehen;
- Mit der wachsenden Anzahl von EU-Mitgliedern wurden die
Entscheidungsprozesse auf der EU-Ebene immer schwieriger. Die
traditionellen Methoden der Politikgestaltung über Verordnungen
und Richtlinien stießen damit an Grenzen;
- Die Strukturen sozialer Sicherheit in den einzelnen Mitgliedsstaaten werden mit den verschiedenen Erweiterungsrunden immer he-
terogener. Waren diese im EWG-Europa der sechs noch vergleichsweise homogen, ist bereits durch den Beitritt Großbritanni-
ens ein grundsätzlich anderes Modell in die Gemeinschaft inte-

---

[11] Heidenreich, Martin/Bischoff, Gabriele (2006):Die offene Methode der Koordinierung. Ein europäisches Instrument zur Modernisierung nationaler Sozial-
und Beschäftigungsordnungen?, in: Heidenreich (Hrsg.): Die Europäisierung
sozialer Ungleichheit. Zur transnationalen Klassen- und Sozialstrukturanalyse;
Frankfurt/New York, S. 277–312, S. 277; Pochet argumentiert analog, spricht
aber nicht von spill over, sondern von „pollination“: Pochet (2005), S. 2.
[12] Danner, Günter (2004), Die Europäische Union am Scheideweg. Wohlstandsprojekt, Wettlaufgesellschaft oder Wolkenkuckucksheim, Hamburg;
S. 134.
[13] Mau, Steffen (2004), Soziale Ungleichheit in der Europäischen Union, in: Aus
Politik und Zeitgeschichte, Beilage zur Wochenzeitung Das Parlament, B 38,
S. 38–46.

griert worden, das mit den übrigen praktisch nicht mehr harmonisiert werden kann. Derzeit kann von fünf unterschiedlichen Wohlfahrtsregimen[14] innerhalb der EU gesprochen werden, die mit den Notwendigkeiten des EU-Binnenmarktes kompatibel zu halten, bereits eine Hercules-Aufgabe darstellt – von einer Harmonisierung ganz zu schweigen.

– Die Zustimmung zur Europäischen Union in der Bevölkerung sinkt. Das „Europa der Bürger" kommt über seinen deklaratorischen Charakter nicht hinaus. Gründe dafür können auch in dem sozialpolitischen Defizit der EU gesehen werden. Sozialpolitische Aktivitäten werden in diesem Kontext als Chance gesehen, „die Öffentlichkeit für Europa zu mobilisieren".[15]

– Mit Margret Thatcher hatten die Befürworter einer angebotsorientierten Politik eine starke Akteurin in der EU, die den sozialpolitischen Initiativen in Brüssel sehr wenig Spielraum ließ. Mit dem Regierungsantritt von Tony Blair und New Labour begann sich dieser Trend umzukehren, von 1995 bis 2003 wurde die Mehrheit der EU-Länder national sozialdemokratisch/sozialistisch regiert. Damit verbunden war auf europäischer Ebene eine Bevorzugung intergouvernementaler Politikansätze gegenüber den traditionellen Politikansätzen der EU.[16]

---

[14] Heidenreich, Martin (2006), Einleitung, in: Heidenreich, Martin (Hrsg.) (2006): Die Europäisierung sozialer Ungleichheit. Zur transnationalen Klassen- und Sozialstrukturanalyse; Frankfurt/New York, S. 7–15, S. 10.

[15] Schulte, B. (2005):Europa als Herausforderung und Chance für den deutschen Sozialstaat, Beitrag zum Sozialstaatskongress der IG Metall „Mut zur Gerechtigkeit" zitiert nach: *www.mayday.igmetall.de/themen/sozialstaat/kongress/schulte_050407.pdf,* S. 13.

[16] Pochet (2005), S. 8.

Die offene Methode der Koordinierung (OMK)[17]

Eine Antwort auf diesen Problemdruck war die OMK. Die wichtigsten Instrumente dieses Politikansatzes sind:

- Die Festlegung gemeinsamer Ziele (Leitlinien),
- Nationale Strategiepläne/Strategieberichte,
- die gemeinsame Analyse durch EU-Kommission und EU-Ministerrat (peer review, benchmarking, best practice) und
- die Erarbeitung von Indikatoren.
- Benchmarking" und „Best-Practice" sind Verfahren, die aus der Wirtschaft kommen und dort bewiesen haben, dass sie dazu beitragen, die Performance von Unternehmen zu verbessern.

Offiziell fand der Name OMK Eingang in die EU-Sprache auf dem Europarats-Gipfel in Lissabon im Jahr 2000. Dort beschloss man, Europa bis 2010 zum wettbewerbsfähigsten und dynamischsten Wirtschaftsraum der Welt zu machen, also insbesondere die USA zu überholen. Die Ursprünge dieses Politikansatzes in der EU stammen aus der Wirtschaftspolitik: Seit dem Vertrag von Maastricht 1992 gibt es entsprechende Verfahren, als erstes die in den „Basic Economic Guidelines" festgehaltenen Grundzüge der Wirtschaftspolitik.[18]

Auch in der Gesundheitspolitik können die Wurzeln bis 1992 zurückverfolgt werden. So werden die Mitgliedsstaaten angehalten, sich „unabhängig von ihren fortbestehenden Zuständigkeiten für die Bestimmung der Ziele, Grundsätze und des Aufbaus ihrer Sozialschutzsysteme einschließlich ihrer Gesundheitssysteme an bestimmten, freiwillig konsentierten gemeinsamen Zielsetzungen zu orientieren."[19] Brüssel wurde in der Folge eine „akzessorische Regelungs-

---

[17] Aktualisierte Fassung von: Vorfahrt für Gutmenschen? - Die offene Methode der Koordinierung (OMK), in: Zeitschrift für Recht und Politik im Gesundheitswesen, Nr. 3/2006

[18] Übersicht über die bisherigen Verfahren der OMK s. Schulte (2005), S. 16.

[19] Amtsblatt EG (1992): Nr. L245 vom 26. August 1992, S. 49.

kompetenz" auf dem Feld der Gesundheitspolitik attestiert[20] und die Europäische Gesundheitspolitik als „unvollständiges gesundheitspolitisches Mosaikgebilde" beschrieben.[21]

Nach der offiziellen Einführung der OMK im Jahr 2000 ging es auch in der Gesundheitspolitik auf europäischer Ebene voran[22]:

– Im September 2002 verabschiedeten Europäisches Parlament und Europäischer Rat das Europäische Aktionsprogramm zu Public Health (2003–2008).[23] Einer von drei Eckpfeilern ist die Verbesserung von Gesundheitsinformationen und Kenntnissen für die Entwicklung von Public-Health-Aktivitäten.

– Bereits im Dezember 2002 kam die Europäische Kommission dem Auftrag des Europäischen Rats von Göteborg 2001 nach, einen Bericht über Leitlinien im Bereich des Gesundheitswesens und der Altenpflege zu erstellen. Im Gesundheitswesen sind danach vor allem drei Herausforderungen zu meistern:

  • Zugänglichkeit gewährleisten;
  • einen hohen Standard bei Qualität und Angebot garantieren;
  • die finanzielle Nachhaltigkeit der Finanzierung des Systems sicherstellen.[24]

– 2003 hat der Europäische Rat den Bericht der Kommission „Gesundheitsversorgung und Altenpflege: Unterstützung nationaler Strategien zur Sicherung eines hohen Sozialschutzniveaus" zur Kenntnis genommen.

---

[20] Pitschas, Rainer (1993): Inhalt und Reichweite des Mandats der Europäischen Gemeinschaft auf dem Gebiet der Gesundheitspolitik, in: Zeitschrift für Sozialreform, Heft 43, S. 468–483.

[21] von Schwanenflügel, Matthias (1996): Die Entwicklung der Kompetenzen der Europäischen Union im Gesundheitswesen, Berlin, S. 60.

[22] Die nachfolgende Aufzählung folgt Schulte (2005), S. 21.

[23] Decision No 1786/2002/EC vom 23. September 2002, mit dem das Gemeinschaftsprogramm 2003–2008 angenommen wurde, OJEC L 271/10.

[24] Schulte (2005), S. 21.

– Die EU-Kommission hat mit ihrer Mitteilung vom April 2004 die Mitgliedstaaten dazu aufgefordert, sicherzustellen, dass ein hochwertiges Pflegeangebot insbesondere für dauerhaft pflegebedürftige Personen, einkommensschwache und ethnische Minderheiten besteht. Unter anderem wird die Förderung von Palliativmedizin und Sterbebegleitung eingefordert. Die Mitgliedstaaten mussten bis April 2005 zu den Reformanstrengungen im Bereich Gesundheit und Pflege Stellung nehmen.

– Trotz dieser Initiativen der EU-Kommission hat der Rat aber bislang keinen OMK-Prozess zur Gesundheitsversorgung etabliert, sondern hat ein „High Level Committee on Health" ins Leben gerufen.[25]

– Schließlich hat die Kommission am 28. April 2006 ein Diskussionspapier vorgelegt, in dem sie Indikatoren vorschlägt, um die Ziele der OMK im Gesundheitswesen und der Langzeitpflege zu erreichen.[26]

Diese Vorschläge, lohnen eine nähere Beschäftigung:

– Nach Verabschiedung dieser Ziele müssen diese von den EU-Mitgliedstaaten in nationale Strategien übersetzt werden. Sie werden also mittelbar auch die Gesundheitspolitik in Deutschland beeinflussen;

– Sie machen deutlich, auf welche Weise und auf welchen Wegen die EU Einfluss auf die Gesundheitssysteme der Mitgliedsstaaten nimmt und in Zukunft nehmen will.

Drei Bereiche stehen im Zentrum des von der Kommission vorgelegten Papiers:

– Ungleichheiten im Zugang zur medizinischen Versorgung,
– Ungleichheiten in den medizinischen Ergebnissen (outcomes) und
– Die Entwicklung von Maßnahmen zur Langzeitpflege.

---

[25] Heidenreich/Bischoff (2006), S. 292.

[26] *http://europa.eu.int/G:\3.3.3.11OMC\2 Active work.files\2004-05 Indicators dev & statistics\Indicator development\Doc3_AX5.doc.*

Es werden rund 20 Indikatoren vorgeschlagen, die aber auf zehn bis 15 reduziert werden sollen. Diese sollen hier nicht einzeln analysiert werden. Für das Verständnis des Politikansatzes der EU-Kommission scheinen einige Aspekte aber wichtig:

– Zuzahlungen gemessen als Prozentanteil am Haushaltseinkommen differenziert nach sozioökonomischem Status, Alter, Geschlecht und noch einigen anderen Faktoren. Dass diese Frage unmittelbar in den Kernbereich der eigentlich nationalstaatlichen Regelungskompetenz eingreift, ist mit Blick auf die Diskussionen in Deutschland evident. Die Frage von Selbstbehaltstarifen, Beitragsrückgewähr, die gesamte Diskussion über die steuernde Wirkung von Zuzahlungen wird von der nationalen auf die europäische Ebene gehievt. Das kann man begrüßen oder ablehnen, mit der bestehenden Zuständigkeitsabgrenzung zwischen Nationalstaat und EU hat es aber nichts zu tun. Zu berücksichtigen sind methodische Fragen: in Frankreich gibt es z.B. hohe Medikamentenzuzahlungen, die aber von den meisten Franzosen durch Zusatzversicherungen abgedeckt werden. Wenn der Versicherte faktisch nichts zuzahlt, ist dies als „Zuzahlung" im Sinne der OMK zu werten oder nicht?

– Wartelisten sind der „running gag" der gesundheitspolitischen Diskussion in Europa. Es ist also zunächst verdienstvoll, wenn man sich im Rahmen der OMK dieses Themas annimmt. Es soll danach gefragt werden, ob bei „wirklichem" Bedarf für Diagnostik oder Therapie diesem entsprochen wurde, oder nicht. Die Frage soll nicht nur differenziert nach Alter, Geschlecht bzw. sozioökonomischem Status ausgewertet werden, sondern auch mit Blick auf folgende Gründe:

  • Der Betroffene konnte es sich nicht leisten (zu teuer);
  • Warteliste;
  • Zeitmangel wegen Arbeit, Kindererziehung oder aus anderen Gründen;
  • Angst vor dem Arzt, dem Krankenhaus, der Diagnostik/der Therapie;

- der Patient selbst will zunächst abwarten, ob das Problem von selbst besser wird;
- der Patient kennt keinen guten Arzt oder Facharzt
- oder sonstige Gründe haben dazu geführt, dass ein „wirklicher" Bedarf für Diagnostik bzw. Therapie nicht realisiert wurde.

Die Kommission selbst weist darauf hin, dass kein spezifischer Indikator für „Wartezeiten" vorgeschlagen wird. Damit macht sie bereits deutlich, wie wenig praxistauglich die Fragen zu Wartelisten sind. Es sei daran erinnert, dass in Deutschland in der Mitte der neunziger Jahre die Diskussion über vermeintliche Wartelisten bei Herzoperationen auch dann noch anhielt als die zeitweise vorhandenen Wartelisten schon längst abgebaut waren. Für den Betroffenen war nicht differenzierbar, ob er aus Mangel an Kapazitäten oder aus medizinisch sinnvollen Gründen erst sechs Wochen nach der Indikationsstellung operiert wurde.

Spannend wird sein, wie die EU-Kommission das Warten auf unterschiedliche Leistungen in den jeweiligen Ländern ins Verhältnis setzen wird: Wie will sie das subjektiven Defizit eines deutschen GKV-Versicherten, der drei Monate auf einen Platz im Schlaflabor warten muss, weil er schnarcht, ins Verhältnis setzen mit der Problematik, dass es in Großbritannien z.B. für Dialysebehandlung ab einem bestimmten Alter keine Chance mehr auf Behandlung, nicht einmal auf eine Warteliste gibt.

Wie die Antworten auf die oben genannten Fragen zwischen den derzeit 25 EU-Mitgliedsstaaten vergleichbar gemacht werden sollen, werfen Fragen auf, die die sozialwissenschaftliche Zunft über Jahre in Lohn und Brot halten kann.

- Aufschlussreich ist auch, dass die Kommission vorschlägt, Fragen nach Facharztbesuchen oder Zahnarztbesuchen sollten berechnet werden „from the EHCM of the EHIS". Noch Fragen? Klar: Zahnarztbesuche/Konsultationen sollten durch Selbsteinschätzung standardisiert werden „in the EMHS" differenziert nach Alter, Geschlecht, sozioökonomischem Status, Region. Es überrascht

nicht, dass bei der Diskussion um Terminvergabestellen der Ka-
senärztlichen Vereinigungen in Deutschland, die seit 2016 gewährleisten sollen, dass Facharzttermine in Deutschland innerhalb
von vier Wochen vergeben werden, die "Erkentnisse" der OMK
keine Rolle gespielt haben.

– EHCM[27]? – EHIS[28]? – EMHS[29]? Transparenz und Bürgernähe
scheint offenkundig eines der vordringlichen Anliegen der OMK
zu sein. Wer bisher zu wenige Abkürzungen gelesen hat, der sei
auf das Papier der Direktion C (public Health and Risk Assessment), C2 (Health Information) vom 24. Mai 2004 verwiesen.
Dort führt der zuständige DG Atoni Montserrat Moliner auf Seite
acht aus, dass EHSS[30] sich zusammensetzt aus EHIS, ESHIS[31],
EHES[32] und dem Eurobarometer zur Gesundheit. Als zentrale
Herausforderung wird gesehen, einen Rahmen zur Harmonisierung der Gesundheitsdaten vorzuschlagen, der ECHI[33] und EHSS
misst. Der Autor dieses Artikels legt wert auf die Feststellung,
dass dieser Artikel keine Persiflage, sondern ein Sachartikel ist.

– Bei einer Reihe anderer Indikatoren, die die Kommission vorschlägt, lassen sich damit verbundene Interpretationsprobleme in
zwei Kategorien clustern:

• Indikatoren, die in sich selbst schon einen großen Interpreta-
tionsbedarf haben. Dazu zählt z.B. die Zahl der Akutbetten
pro 100.000 Einwohner. Hat das Land mit der größten Bet-
tendichte die beste Versorgung oder das unwirtschaftlichste
System?

• Indikatoren, die aufgrund der wachsenden Heterogenität der
EU zu Ergebnissen führen, die eher weiteren Forschungsbe-

---

[27] EHCM: European Health Care Module.
[28] EHIS: European Health Interview Suvey.
[29] EMHS: European Module on Health Status.
[30] EHSS: European Health Survey System.
[31] EHSIS: European Special Health Interview Surveys.
[32] EHES: European Health Examination Survey.
[33] ECHI: European Community Health Indicators (Framework for health information for measuring the health status).

darf als konkrete Maßnahmen zur Folge haben. Was sagt uns z. B. die Projektion der öffentlichen Ausgaben für Langzeit-pflege gemessen als Anteil am Bruttosozialprodukt ohne Kenntnis der demographischen Entwicklung und der Famili-enstrukturen im jeweiligen Land?

Ändert sich das Bild, wenn man auch die wissenschaftliche Diskussi-on über Indikatoren zur OMK einbezieht? Nicht grundsätzlich, da die OMK stark durch die sozialwissenschaftliche Diskussion zu den von der Kommission aufgeworfenen Fragen geprägt ist. Die oben genann-ten Probleme spiegeln sich hier wieder. Ein Beispiel soll illustrieren, dass die von der Kommission vorgelegten Fragen sogar strukturell weniger Ideologiebeladen sind als Fragestellungen, die aus der Wis-senschaft entwickelt werden. So schlägt Busse einen Fairnessindika-tor vor.[34] Der höchste Grad an Fairness liegt dann vor, „wenn jeder nach seiner Wirtschaftskraft beiträgt und nicht nach der Nutzung der Gesundheitsleistungen. Der Indikator blendet völlig jede Diskussion über Moral Hazard und Steuerungswirkungen von Zuzahlungen, Selbstbehalten etc. aus. Man muss solche Elemente nicht begrüßen, sie im wissenschaftlichen Diskurs durch die Etikettierung als unfair zu diskriminieren, ist aber sicher verfehlt. Außerdem: Es überrascht nicht, dass der britische NHS auf der Fairnessskala ganz oben ran-giert. Man merke: Die Dialyseversorgung an Altersgrenzen zu bin-den, ist nicht so unfair, wie Zuzahlungen zu verlangen.

Natürlich darf man die einzelnen Fragen nicht isoliert betrachten. Unstreitig wird eine Reihe von sinnvollen Parametern erfasst. Dass auf verschiedenen Ebenen Zahlen erfasst und ausgewertet werden, ist nichts Neues. WHO, OECD und auch die EU haben schon vor der Einführung der OMK Daten erhoben und machen dies auch weiter.

---

[34] R. Busse: Europäische Gesundheitspolitik: Grundlagen, Wirkungen und Ent-wicklungen, in: Gesellschaft für Versicherungswissenschaft und –Gestaltung e.V. GVG) (Hrsg.) (2004): Offene Methode der Koordinierung im Gesund-heitswesen. Zuschauen oder Gestalten? Strategie für eine Europäische Ge-sundheitspolitik von Bund, Ländern und Selbstverwaltung; Berlin, S. 57–66; S. 64 f.

Die entscheidende Frage ist also, welcher echte Mehrwert durch die OMK generiert wird.

Die OMK – Eine Zwischenbilanz

Dies Lissabon-Agenda aus dem Jahr 2009, in die die OMK integriert ist, hat einen Zeithorizont von 10 Jahren. Ergebnisse können auf der europäischen Ebene wie in den nationalen Politiken gesucht werden.

Wichtigstes Ziel der OMK ist, einen Beitrag zur Modernisierung der nationalen Wirtschafts- Sozial- und Beschäftigungsordnungen und damit zur Erhöhung der Innovations- und Wettbewerbsfähigkeit der EU zu leisten.[35] Mit Blick auf den oben besprochenen Fragenkatalog der EU-Kommission fällt es dem Autor schwer sich vorzustellen, dass bis 2010 auf diesem Weg ein signifikanter Beitrag zu diesem Ziel erreicht werden soll. Auch die Zielvorstellung, über die OMK eine europaweiten Mindestleistungskatalog zu schaffen und Kriterien für die vernünftige Qualität der Leistungserbringer[36] zu entwickeln, scheint noch in sehr weiter Ferne.

Entscheidend wird sein, ob best practice und benchmarking als strukturierte Lernprozesse auch im politischen Bereich auf nationaler wie europäischer Ebene aus der Wirtschaft auf politische Prozesse übertragen werden können. Mosher/Trubek differenzieren am Beispiel der Beschäftigungspolitik zwischen drei Formen des Lernens, kommen aber schließlich zu dem Ergebnis, dass die bisherigen Erfolge eher bescheiden waren.[37] Zeitlin konstatiert am Beispiel EBS, dass es auf nationaler Ebene wenige konkrete Beispiele für ein direktes politisches Lernen gibt.[38] Und Borrás/Jacobsen verweisen schließlich auf

---

[35] Radaelli, Claudio M. (2003), The Open Method of Coordination: A New Governance Architecture for the European Union? Rapport Nr. 1, S. 7.

[36] So Busse, Reinhard (2004a), europäische Gesundheitspolitik: Grundlagen, Wirkungen und Entwicklungen, in: GVG (2004), S. 57–79, S. 65 f.

[37] Mosher, James S./Trubek, David M. (2003), Alternative Approaches to Governance in the EU: EU Social Policy and the European Employment Strategy, in: Journal of Common Market Studies 41, Nr. 1, S. 63–88.

[38] Zeitlin (2005), S. 470–476.

die Grenzen einer „Integration durch Koordinierung".[39] Auch mit Blick auf die sanktionsbewährten Maastricht-Kriterien ist deshalb Skepsis angebracht, in wie weit nicht sanktionsbewährte Politiken auch mittelfristig einen Beitrag zur Erreichung so weitgesteckter Ziele leisten können. Es darf deshalb bezweifelt werden, dass Vorschläge, die Umsetzung von OMK-Zielen durch finanzielle Anreize zu unterstützen[40], ein Weg in die richtige Richtung sind. Der Vorschlag einer hochrangigen Sachverständigengruppe der EU lässt aber deutliche Zweifel an dem gesamten Ansatz erkennen. Der Vorschlag steht auch im logischen Widerspruch zur Ansicht anderer Experten, die gerade in dem Fehlen von Sanktionen die Überlegenheit dieses Politikansatzes sehen.[41]

Positive Ergebnisse der OMK können aber auch auf einer anderen Ebene liegen: Zahlreiche Autoren sehen die wichtigsten Vorteil in der Möglichkeit zur Einbeziehung von nichtstaatlichen Akteuren und regionalen Verwaltungs- und Regierungsebenen.[42] Im Ergebnis ist aber festzuhalten, dass das Europäische Parlament nur konsultiert wird und Nichtregierungsorganisationen nur geringes Interesse zeigen, da die Erstellung der Nationalen Aktionspläne als eine bürokratische Pflichtübung angesehen wird.[43] Statt einer Beteiligung parlamentarischer und zivilgesellschaftlicher Akteure muss sogar eine stärkere Zentralisierung und Hierarchisierung festgestellt werden.[44] Radaelli kommt sogar zu dem Ergebnis, dass technokratische, demokratisch nicht legitimierte und politisch kaum kontrollierbare Ent-

---

[39] Borrás, Susana/Jacobsen, Kerstin (2004), The Open Method of Co-ordination an New Governance Patterns in the EU, in: Journal of European Public Policy, 11, Nr. 2, S. 185–208.

[40] Kok, Wim (2004), Die Herausforderung annehmen. Die Lissabon-Strategie für Wachstum und Beschäftigung, Bericht der Hochrangigen Sachverständigengruppe, Luxemburg.

[41] Radaelli (2003), S. 22; Begg, Iain/Berghman, Joe (2002), Introduction: EU Social (Exclusion) Policy Revisited?, in: Journal of European Social Policy, 12, Nr. 3, S. 179–194, S. 192.

[42] Siehe dazu Heidenreich/Bischoff (2006), S. 281 mit zahlreichen Nachweisen.

[43] Ibid.

scheidungszirkel an Bedeutung gewinnen. [45] Die von Heidenreich/ Bischoff festgestellte „Versachlichung und Professionalisierung der Koordination" illustriert aber einen Paradigmenwechsel in der Diskurshoheit der Gesundheitspolitik auf europäischer Ebene. Die OMK mit ihrer Akzentuierung von *best practice* und *benchmarks* dominieren Sozialwissenschaftler wie Heidenreich und Bischoff, die deshalb die positiven Seiten eher sehen als Vertreter anderer Fakultäten. Juristische Expertise ist für diesem Politikansatz irrelevant, ökonomischer Sachverstand behält den Status einer Hilfswissenschaft.

Zu einer Zwischenbilanz der OMK gehört auch die Frage, welche Auswirkungen diese auf das institutionelle Gefüge der EU und ihrer Mitgliedstaaten hat. Heidenreich/Bischoff sind der Auffassung, „dass die OMK zu einer Verdichtung der supranationalen Regulationsstrukturen im Bereich der europäischen Beschäftigungs- und Sozialpolitik geführt hat. Erreicht wurde dies durch eine rechtliche und politische Verankerung der OMK, durch die Entpolitisierung, Professionalisierung und Bürokratisierung der Verhandlungen und durch die iterative Organisation der Koordinierungsprozesse auf der europäischen Ebene". [46]

Die Tatsache, dass über Initiativen und Vorschläge der Kommission die Ministerräte sich offiziell und strukturiert mit Zahlen und Vergleichen auseinandersetzen müssen, schafft im Verständnis von Bischoff/Heidenreich eine neue Qualität in der Politikgestaltung. Trifft diese Einschätzung zu, bedeutet das, dass die OMK tatsächlich ein trojanisches Pferd ist, nämlich dass EU-Kompetenzen dort generiert werden, wo nach dem Subsidiaritätsprinzip die Mitgliedsstaaten zuständig sind. Hingewiesen sei darauf, dass die politischen Väter der OMK in den Mitgliedstaaten nicht die Stärkung des supranationalen, sondern des intergouvernementalen Politikansatzes intendiert hat-

---

[44] Eberlein, Burkhart/Kerwer, Dieter (2004), New Governance in the European Union: A Theoretical Perspective, in: Journal of Common Market Studies, 42, Nr. 1, S. 121–142.

[45] Radaelli (2003).

[46] Heidenreich/Bischoff (2006), S. 288.

ten.[47] Insoweit zeigt die Erkenntnis von Heidenreich/Bischoff, dass die OMK dabei ist, eine gewisse Eigendynamik zu entfalten, die sich von den Zielen ihrer Erfinder emanzipiert.

Da gerade in der Gesundheitspolitik die OMK noch ein relativ junges Politikinstrument darstellt, sind Bewertungen mit der gebotenen Vorsicht zu genießen. Als Gegenhypothese sei hier aber die Frage gestellt, ob Heidenreich/Bischoff das Verfahren nicht überschätzen.

Zu einer Zwischenbilanz gehört auch darauf hinzuweisen, dass es gegenwärtig keine Indizien dafür gibt, dass bestimmte Gefahren, die mit der OMK assoziiert wurden, eintreten werden. So hat Franz Terwey auf einer Podiumsdiskussion der GVG die Sorge formuliert, über die OMK könne das „Europäische Statistikamt Eurostat die zweite letztverbindliche Instanz sein wird (neben dem EuGH, A.M.), die über Qualität und Verfügbarkeit entscheiden wird".[48]

Andere Gefahren, die mit dem OMK-Prozess verbunden sein können, scheinen bislang noch nicht wirklich in den Focus der Diskussion um diesen Politikansatz zu stehen. Diese Gefahr liegt in der darin, die jeweiligen Mitgliedstaaten als homogene Einheiten zu betrachten. Die z.T. nicht unerheblichen Unterschiede drohen völlig aus dem Blick zu geraten. Um es an einem Beispiel auf den Punkt zu bringen: Deutschland hat im EU Vergleich bei der Versorgung mit Medizinern einen Spitzenplatz. Das hilft den Menschen in der Uckermark aber nicht, die unter dem Problem der Unterversorgung leiden. Die Vernachlässigung der innerstaatlichen Heterogenität ist kein Randproblem und nicht nur ein Problem Deutschlands als Folge der deutschen Einheit. Die statistischen Ämter der EU wie der Mitgliedsländer und die Diskussionen um die Regional- und Strukturfonds bieten reiches Anschauungsmaterial.[49]

---

[47] Pochet (2005), S. 8.

[48] Franz Terwey (2004) in einer Podiumsdiskussion der GVG, in GVG 2004, S. 121.

[49] Für den hier diskutierten Kontext sei auf die Analysen von Göran Therborn verwiesen, der die ungleiche regionale Verteilung des Bruttosozialprodukts durch die Bildung von zwölf Clustern analysiert hat. Therborn, Göran (1995), European Modernity and Beyond. The Trajecory of European Societies 1945–2000, London, S. 202 ff.

Die Frage nach dem Mehrwert der OMK ist mit dieser Zwischenbilanz nicht abschließend zu beurteilen. Die Chancen und Risiken dieses neuen Politikinstruments sind aber so, dass es unverzichtbar für die Akteure im deutschen Gesundheitswesen ist, sich damit weiter auseinanderzusetzen. Diese Zwischenbilanz muss auch zu Beginn des Jahres 2016 nicht revidiert werden. Die Perspektive der des Wirtschafts- und Sozialwissenschaftlichen Instituts der gewerkschaftsnahen Hans Böckler Stiftung aus dem Jahr 2006 liest sich sehr aktuell: „Bisher hat die OMK über einen engen Expertenzirkel hinaus kaum Wirkung in der Öffentlichkeit entfaltet".[50] Und Jenny Preunkert sieht nach über 300 Seiten, auf denen sie Chancen der OMK nachgespürt hat, vor allem eine Gefahr: „dass sie […] zu einem Alibi wird, mit dem gezeigt werden kann, dass die europäische Integration eine soziale Dimension hat, die jedoch kaum praktische Relevanz hat".[51] Auch die eigene Literaturrecherche zeigt wenig, was darauf schließen lässt, dass die OMK für relevant gehalten wird. Für ein Politikinstrument, das über Naming and Shaming die Politik verändern will, ist das zu wenig. Sozialpolitische Aspekte rangieren in der EU weit unten auf der Tagesordnung. Stillstand ist die dominierende Wahrnehmung. Auch für die Brüsseler Sozialpolitik der letzten Jahre gilt: Wie schnell ist wieder nichts passiert.

Literatur

Amtsblatt EG (1992): Nr. L 245 vom 26. August 1992
Arbeitsgemeinschaft der Spitzenverbände der Krankenkassen (2002): Die offene Methode der Koordinierung im Bereich des Gesundheitswesens, *www.g-k-v.com*

---

[50] Schäfer, Armin: Aufstieg und Grenzen der Offenen Methode der Koordinierung, WSI Mitteilungen 10/2006; S. 540–546; S. 545; *http://www.boeckler.de/wsimit_2006_10_schafer.pdf.*
[51] Preunkert, Jenny: Chancen für ein soziales Europa? Die offene Methode der Koordinierung als neue Regulierungsform, Wiesbaden 2009, S. 310.

Begg, Iain/Berghman, Joe (2002), Introduction: EU Social (Exclusion) Policy Revisited?, in: Journal of European Social Policy, 12, Nr. 3, S. 179–194

Borrás, Susana/Jacobsen, Kerstin (2004), The Open Method of Co-ordination an New Governance Patterns in the EU, in: Journal of European Public Policy, 11, Nr. 2, S. 185–208

Busse, Reinhard (2004): Neue Verfassung, neue Sozialpolitik?, in Gesundheit und Gesellschaft (GuG), Ausgabe 2/2004, S. 34–40

Busse, Reinhard (2004a), europäische Gesundheitspolitik: Grundlagen, Wirkungen und Entwicklungen, in: GVG (2004), S. 57–79

Busse, R./Wisman, M./Berman, P. (eds.) (2002): The European Union and Health Services. The Impact of the Single European Market on Member States; Amsterdam

Busse, R. (2002): Anwendung der „offenen Methode der Koordinierung" auf die europäischen Gesundheitswesen. Hintergrund, mögliche Ziele und Indikatoren, Auswirkungen auf Gesundheitssysteme, in: Gesundheit und Gesellschaft Wissenschaft (GGW), Heft 2/2002 S. 7–14

Danner, Günter (2004), Die Europäische Union am Scheideweg. Wohlstandsprojekt, Wettlaufgesellschaft oder Wolkenkuckucksheim; Hamburg

Eberlein, Burkhart/Kerwer, Dieter (2004), New Governance in the European Union: A Theoretical Perspective, in: Journal of Common Market Studies, 42, Nr. 1, S. 121–142

European Commission (2006): Proposal for Indicators to monitor the first objective on Health and Long-Term Care of the streamlines OMC. Discussion paper for the ISG meeting on 28. April 2006; *http://europa.eu.int/G:\3.3.3.11OMC\2 Active work.files\2004-05 Indicators dev & statistics\Indicator development\Doc3_AX5.doc*

Gesellschaft für Versicherungswissenschaft und –Gestaltung e.V. (GVG) (Hrsg.) (2004): Offene Methode der Koordinierung im Gesundheitswesen. Zuschauen oder Gestalten? Strategie für eine Europäische Gesundheitspolitik von Bund, Ländern und Selbstverwaltung; Berlin

Therborn, Göran (1995), European Modernity and Beyond. The Trajecory of European Societies 1945–2000, London

Heidenreich, Martin (Hrsg.) (2006): Die Europäisierung sozialer Ungleichheit. Zur transnationalen Klassen- und Sozialstrukturanalyse; Frankfurt/ New York

Hughes, Kirsty (2006): The „open method" of co-ordination: innovation or talking shop? *www.cer.uk/articles/format_print.htm?article=issue15_ hughes&title.pdf*

Hüttmann, Martin (2004): Die Offene Methode der Koordinierung in der Europäischen Union: Chancen und Risiken eines neuen Steuerungsinstruments aus Sicht der deutschen Länder, in: Europäisches Zentrum für Föderalismus-Forschung (Hrsg.): Jahrbuch des Föderalismus 2004. Föderalismus, Subsidiarität und Regionen in Europa; Baden-Baden, S. 476–488

Kok, Wim (2004), Die Herausforderung annehmen. Die Lissabon-Strategie für Wachstum und Beschäftigung, Bericht der Hochrangigen Sachverständigengruppe, Luxemburg

Langhoff, Udo (2005): Die offene Methode der Koordinierung (OMK) – Chance oder Risiko für Integration und Demokratie in der Europäischen Union, Berlin

Leibfried, Stephan/Pierson, Paul (2000), Social Policy. Left to Courts an Markets?, in: Wallace, Helen/Wallace William (eds.), Policy-Making in the European Union, Oxford, S. 267–292

Mau, Steffen (2004), Soziale Ungleichheit in der Europäischen Union, in: Aus Politik und Zeitgeschichte, Beilage zur Wochenzeitung Das Parlament, B 38, S. 38–46

Maucher, Mathias (2004): Beteiligung möglich? – Die Offene Methode der Koordinierung und ihre Anwendung im Sozialbereich; Frankfurt

Pitschas, Rainer (1993): Inhalt und Reichweite des Mandats der Europäischen Gemeinschaft auf dem Gebiet der Gesundheitspolitik, in: Zeitschrift für Sozialreform, Heft 43, S. 468–483

Pochet, Philippe (2005), The Open Method of Co-ordination and the Construction of Social Europa. A Historical Perspective, in: Zeitlin, J./Pochet, P. (eds.), The Open Method of Coordination in Action. The European Employment an Social Inclusion Strategies, Brussels, zitiert nach der Veröffentlichung unter *www.ose.be/files/pie/PIEzeitlinCH1PP.pdf*

Radaelli, Claudio M. (2003), The Open Method of Coordination: A New Governance Architecture for the European Union? Rapport Nr. 1

Reker, Elisabeth (2002): Der europäische Einfluss auf das deutsche Gesundheitswesen, in: Franz Knieps (Hrsg.): Stichwort Gesundheitspolitik. Aspekte, Analysen, Argumente; Bonn, S. 236–257

Scharpf, Fritz (2002): The European Social model: Coping with the chal-
langes of diviersity, in Journal of Common Market Studies, 40, Nr. 4,
S. 645–670

Schulte, Bernd (2005): Europäische Vorgaben für die nationalen Gesundheitssysteme – Ziele und Instrumente, in: GGW, Heft 4/2005, S. 15–25

Schulte, B. (2005a):Europa als Herausforderung und Chance für den deutschen Sozialstaat, Beitrag zum Sozialstaatskongress der IG Metall „Mut
zur Gerechtigkeit" *www.mayday.igmetall.de/themen/sozialstaat/kongress/
schulte_050407.pdf*

von Schwanenflügel, Matthias (1996): Die Entwicklung der Kompetenzen
der Europäischen Union im Gesundheitswesen; Berlin

Zeitlin, Jonathan (2005): Conclusion. The Open Method of Co-ordination in
Action, in: Zeitlin, J./Pochet, Philippe/Magnusson, Lars (eds.): The Open
Method of Co-ordination in Action, Brüssel/Bern , S. 447–503

Nach dem Patientenrechtegesetz ist
vor der Diskussion um die Patientensouveränität*

„Und so sehen wir betroffen / Den Vorhang zu und alle Fragen offen." Mit Brecht kann man nicht nur die Diskussionen der literarischen Quartetts beenden, sondern auch die Situation nach der Verabschiedung des Patientenrechtegesetzes beschreiben, das am 26. Februar 2013 in Kraft getreten ist. Es soll hier nicht die Diskussion weiter geführt werden, ob die gesetzlichen Maßnahmen ausreichen, um die Patientenrechte adäquat zu schützen. Die Frage wird hier als nachrangig angesehen, weil die Realität der Rollenbeziehungen zwischen Arzt und Patient und ihr kommunikatives Miteinander für relevanter gehalten wird. Oder um es mit den Worten von Bundesgesundheitsminister Bahr zu sagen: „ein mündiger, aufgeklärter Patient ist in der Lage, mitzuhelfen, die Qualität in unserem Gesundheitssystem zu halten und vielleicht auf (gemeint ist vermutlich „auch", A.M.) zu verbessern."[1] Die Wertschätzung für die Ressource Patient im deutschen Gesundheitswesen ist parteiübergreifend.[2]

---

* Erstveröffentlichung in: Recht und Politik im Gesundheitswesen, 2/2013, S. 35–49.

[1] Zit. nach dem Internetartikel des BMG zum Thema „mündiger Patient", *http://www.bmg.bund.de/praevention/patientenrechte/muendiger-patient.html* (01.04.2013).

[2] Siehe z. B. Bender, Birgitt: Gesundheitskompetenz – Mündigkeit braucht die Hilfe der Politik, in: Heinrich-Böll-Stiftung (Hrsg.) Bürgerorientierte Gesundheit in Deutschland, S. 11–18 (Schriften zu Wirtschaft und Soziales, Bd. 9) *http://www.boell.de/downloads/BuergerorientierteGesundheit_V01_kommentierbar_1.pdf* (01.04.2013).

„Die Länder Hamburg, Baden-Württemberg, Berlin, Brandenburg, Bremen, Mecklenburg-Vorpommern, Nordrhein-Westfalen, Rheinland-Pfalz, Sachsen-

Die Qualität des Gesundheitssystems verbessern: Hier sind wir am an einem Kernproblem des deutschen Gesundheitssystems: Die Verschwendung der Ressourcen von Patienten ist ubiquitär. Seine Potenziale für die eigene Gesundung werden strukturell unterschätzt und nicht hinreichend genutzt. Schon sprachlich wird das Problem deutlich, Patient ist der Leidende, der, der etwas erleidet. Der Kranke und sein Arzt gehen häufig von der passiven Rolle des Betroffenen aus. Dieses Rollenverständnis kann durchaus einvernehmlich zwischen beiden bestehen, bietet es doch Vorteile durch Bequemlichkeit: für den Patienten, der Zuständigkeit für sein Gesundwerden an den Experten delegieren kann. Er erduldet, der Arzt heilt. Und für de Arzt, der damit auch das Quasi-Monopol für den Heilungserfolg reklamieren kann. Das stärkt seine Autorität gegenüber dem Patienten und „erspart" ihm kritische Nachfragen. Das Bild dieser Interaktion zwischen Arzt und Patient ist mechanistisch im Sinne von *actio* und *reactio*. Es unterschätzt die Komplexität der Interaktion zwischen beiden. Es soll deshalb versucht werden, diese Komplexität zu verstehen, um die Bedeutung partizipativer Entscheidungsfindung zu verstehen. Die folgenden Überlegungen sehen den Arzt als entscheidenden Akteur in der Arzt-Patienten-Kommunikation und sehen seinem Rollenverständnis den Schlüssel für die Option partizipativer Entscheidungsfindung.

Rollendefinition Ärzte

Der Medizinhistoriker Hermann Kerschensteiner (1871–1937) schrieb Anfang des 20. Jahrhunderts über den Arztberuf:

> „Der ärztliche Beruf ist wunderlicher Natur, und immer wieder haben
> geistvolle Köpfe darüber nachgedacht, was eigentlich an diesem Ge-

---

Anhalt und Thüringen wollen den mündigen Patienten stärken. Er solle auf Augenhöhe mit dem Arzt über die eigene Behandlung mitentscheiden, sagte Prüfer-Storcks." Zit. in: *http://www.pharmazeutische-zeitung.de/index.php? id=40075* (01.04.2013).

misch von Wissenschaft, Kunst, Handwerk, Liebestätigkeit und Geschäft das Wesentliche ist."[3]

Im deutschen Gesundheitswesen haben die Ärzte die zentrale, fast monopolartige Rolle für die Behandlung von Krankheiten. Diese Rolle der Ärzte als anerkannte Experten in Sachen Gesundheit ist keineswegs selbstverständlich und wurde „im späten 19. Jahrhundert [...] Stück für Stück von den ärztlichen Standesorganisationen erkämpft".[4] Ein zentrales Merkmal der damit verbundenen Professionalisierung ist das

> „Streben nach einem Marktmonopol: Für die Behandlung von Krankheiten sind in unserer Gesellschaft an erster Stelle Ärzte („Schulmediziner") vorgesehen und nicht Heilpraktiker, Homöopathen, Schamanen o.Ä. Dies spiegelt sich in den vorhandenen Einrichtungen und der Finanzierung wider."[5]

Für Thaler und Sunstein sind Ärzte „Entscheidungsarchitekten", die einen erheblichen Spielraum bei der Frage haben, welche Therapie sie ihren Patienten empfehlen.[6] Nach welchen Kriterien und Maßstäben entscheiden diese Architekten? Was sind die Maßstäbe, an denen sie sich orientieren? Und welches Rollenverständnis liegt ihren Entscheidungen zugrunde?

---

[3] Zit. nach einer Rede von Jörg-Dietrich Hoppe vom 10.10.2008, gehalten auf dem 1. Kölner Symposion zum Medizinrecht "Das Bild des Arztes im 21. Jahrhundert", online verfügbar *http://www.aekno.de/page.asp?pageID=6469* (15.01.2012).

[4] Geißendörfer, Jürgen; Höhn, Annick (2007): BASICS medizinische Psychologie und Soziologie. München, S. 12.

[5] Geißendörfer, Jürgen; Höhn, Annick (2007): BASICS medizinische Psychologie und Soziologie. München, S. 12.

[6] Thaler, Richard H.; Sunstein, Cass R. (2009): Nudge. Wie man kluge Entscheidungen anstößt. Berlin. Aufschlussreich ist der englische Originaltitel diese Buches, der die Bedeutung dieses Ansatzes für das Verständnis des Gesundheitswesens deutlich macht: Thaler, Richard H.; Sunstein, Cass R. (2009): Nudge: Improving Decisions about Health, Wealth, and Happiness. Harlow.

Denn während der Patient primär am Behandlungserfolg interessiert ist, gibt es beim Arzt eine differenzierte Interessensituation. Aus ökonomischer Sicht hat er drei Interessen:

- Erhöhung seines Einkommens
- Senkung seiner Arbeitszeit
- Bindung des Patienten an seine Praxis.

Sein Interesse am Behandlungserfolg hängt bei dieser Sichtweise von zwei Aspekten ab: Zum einen von den Anreizen, die das Vergütungssystem setzt und zum anderen von seiner ethischen Orientierung, diese ist wesentlich von seinem Rollenverständnis geprägt, das es zu untersuchen gilt.

Damit wird bewusst von der klassischen Darstellung der Moral-Hazard-Diskussion abgewichen, die die Anreize auf einen ökonomisch rationalen Umgang mit den Ressourcen Geld und Zeit reduziert. Das Arzt-Patienten-Verhältnis wird als eine sehr komplexe Kommunikationssituation angesehen, die davon geprägt ist, dass der Patient, dessen Körper Leistungen des Gesundheitssystems über den Code krank / gesund kommuniziert, sich eine Kommunikationsmittel aus einem anderen gesellschaftlichen System leihen muss, um mit dem Arzt über dieses Problem kommunizieren zu können.

Zunächst müssen wir uns mit der Komplexität der Gesprächssituation für den Arzt auseinandersetzen: Der Patient und sein Wohlergehen prägen dabei sicher in der Regel die Gesprächssituation. Dennoch bleibt der Arzt auch im Patientengespräch Unternehmer, seinen Gewinn maximieren will oder Sorge wegen der Zinszahlungen für die angeschafften Geräte hat. Er bleibt auch Vater, der die Sorge hat, seinen Kindern den Studienplatz zu bezahlen und Ehepartner, Freizeitsportler oder Vereinsmitglied das nicht länger als unvermeidbar in der Praxis stehen will. Wie verläuft die Kommunikation bei diesen intrapersonalen Rollenkonflikten? Die Rollen, die der Arzt unter diesen Rahmenbedingungen annehmen kann, werden als zentrale Determinanten für sein Verhalten angesehen und damit als zentral für die Frage, ob Fehlanreize bestehen oder nicht.

68

Das Rollenverständnis der Ärzte wird in der Wissenschaft unter verschiedenen Aspekten diskutiert. Auf sechs Aspekte soll im Folgenden näher eingegangen werden:

- Professionelle Dominanz,
- Der „Halbgott in Weiß": Der paternalistische Ansatz nach Parsons,
- Exkurs: Mythos und Arztrolle,
- „Säkularisierung der Arztrolle": ‚Informed consent' als Basis der Arzt-Patienten-Beziehung,
- Der Arzt als Dienstleister für den selbstbestimmten und informierten Patienten,
- Der Arzt als Maximierer seines Nutzens: Der Ansatz der klassischen volkswirtschaftlichen Theorie.

Professionelle Dominanz

Den Ärzten ist es zu Beginn des 20. Jahrhunderts nicht nur gelungen, ihr Monopol für Heilung durchzusetzen, sondern damit verbunden auch faktisch die Weisungsbefugnis gegenüber Therapeuten und Pflegern sowie anderen am Patienten arbeitenden Gesundheitsberufen. Dies wird in der Literatur als „professionelle Dominanz" beschrieben und impliziert auch, dass es Ärzten damit gelungen ist, anderen Professionen das Deutungsrecht über die Frage, was ist Krankheit, was Gesundheit, zu entziehen.[7] Freidson beschreibt sogar die medizinische Autonomie als absolut, weil Ärzten qua Gesetz und öffentlicher Anerkennung zugebilligt wird, autonom zu entscheiden, was medizinischer Behandlung bedarf.[8]

---

[7] Borgetto, Bernhard; Kälble, Karl (2007): Medizinsoziologie. Sozialer Wandel, Krankheit, Gesundheit und Gesundheitssystem. Weinheim, München, S. 134. Elston, Mary Ann; Gabe, Jonathan; Bury, Michael (2004): Key Concepts in Medical Sociology: London, S. 174.

[8] Freidson, Eliot (2007 (1. Auflage 1970)): Professional dominance: the social structure of medical care. New Brunswick, S. 151.

Dieses Konzept der professionellen Dominanz war bis in die 1970er Jahre des 20. Jahrhunderts das dominierende gesellschaftliche Deutungsmuster für den Arzt. Zu diesem Zeitpunkt wurde das Deutungsmuster nicht nur von der Gesundheitsbewegung attackiert [9], sondern von einem viel mächtigeren Gegner: den wirtschaftlichen Verhältnissen. Die bis zum ersten Kostendämpfungsgesetz 1977 gültige Politik der ausgabenbezogenen Einnahmepolitik in der gesetzlichen Krankenversicherung kann als Recht gewordene Umsetzung des Konzeptes der professionellen Dominanz der Ärzte verstanden werden, das positiv formuliert bedeutet, dass das zentrale Ziel des Gesundheitswesens darin besteht, die beste verfügbare medizinische Versorgung für jeden Patienten zu gewährleisten. [10] Praktisch bedeutet das, die Ärzteschaft definiert den Bedarf, die Krankenkassen besorgen das dafür notwendige Geld, ohne Einfluss darauf zu nehmen, was mit dem Geld passiert. In der Kostendämpfungspolitik seit 1977 geht es also nicht nur um Geld, es geht auch um die Definitionsmacht über das, was Krankheit und Gesundheit bedeutet und damit ist Kostendämpfungspolitik auch immer Kampf gegen die professionelle Dominanz der Ärzteschaft und wird vielfach auch als Angriff auf die Autonomie der Ärzte verstanden. [11] So war das erste Kostendämpfungsgesetz 1977 aus der Perspektive der Ärzteschaft eine „nach östlichem Muster geplante und verordnete Staatsmedizin". [12]

---

[9] Herrmann, Markus; Heintze, Christoph (2004): Integration von Qualitätsdarlegung in die Arzt-Patienten-Beziehung. In: Klauber, Jürgen; Robra, Bernt Peter; Schellschmidt, Henner (Hg.): Krankenhaus-Report 2004. Schwerpunkt: Qualitätstransparenz. Stuttgart, S. 179–196, S. 186.

[10] Definition nach: Light, Donald (1993): Escaping the traps of postwar Western medicine: How to maximize health and minimize expenses. In: European Journal of Public Health, Jg. 3, H. 4, S. 281–289.

[11] Mit diesem Politikansatz befindet sich Deutschland im Gleichklang mit anderen europäischen Konzepten in der Gesundheitspolitik: „The health care reform projects of the 1980s and 1990s may be read as countervailing actions undertaken by European states against their medical professions", Freeman, Richard (2000): The politics of health in Europe. Manchester, S. 101.

Formales Symbol für das Ende des Definitionsmonopols der Ärzteschaft war die „Konzertierte Aktion im Gesundheitswesen" im Kostendämpfungsgesetz von 1977. Aufgabe des Gremiums war es

„mit dem Ziel einer den Stand der medizinischen Wissenschaft berücksichtigenden bedarfsgerechten Versorgung und einer ausgewogenen Verteilung der Belastungen gemeinsam
1. medizinische und wirtschaftliche Orientierungsdaten und
2. Vorschläge zur Rationalisierung, Erhöhung der Effektivität und Effizienz im Gesundheitswesen [zu entwickeln]."[13]

Der Bundesminister für Arbeit und Sozialordnung[14] berief Vertreter der Krankenkassen und der privaten Krankenversicherung, der Ärzte, Zahnärzte, Krankenhausträger, Apotheker, Arzneimittelhersteller, Gewerkschaften, Arbeitgeberverbände, der Länder und kommunalen Spitzenverbände und weiterer Gruppierungen. Damit formuliert der Gesetzgeber klar, dass das Definitionsmonopol der Ärzte gebrochen normativ ist und faktisch gebrochen werden soll. Die Konzertierte Aktion im Gesundheitswesen markiert deshalb den Übergang zu einer „neokorporatistischen Interessenkonzertierung auf der politischen Makroebene im Gesundheitssektor".[15] Die Erfolge dieses Ansatzes waren begrenzt. Die letzte Sitzung fand 1995 statt. Mit Hinweis darauf und „im Zuge des Bürokratieabbaus" wurde im GMG 2003 der

---

[12] Zit. n.: Sozialdemokratischer Pressedienst: Kostendämpfung im Gesundheitswesen. Ein Erfolg konsequenter Politik. Pressemitteilung vom 30.08.1978. Bonn.

[13] § 405a der Reichsversicherungsordnung (RVO) in der Fassung des Krankenversicherungs-Kostendämpfungsgesetz, zitiert nach Deutscher Bundestag (11.03.1977): Krankenversicherungs-Kostendämpfungsgesetz. KVKG, BT-Drs. 8/166. Die Vorschrift wurde als § 141 in das Sozialgesetzbuch V übernommen.

[14] Seit 1991 – mit dem Übergang der Kompetenz für die Krankenversicherung – der Bundesminister für Gesundheit.

[15] Windhoff-Héritier, Adrienne (1989): Institutionelle Interessenvermittlung im Sozialsektor. In: Leviathan – Zeitschrift für Sozialwissenschaft, S. 108–126, S. 110.

einschlägige § 141 SGB V aufgehoben.[16] Dies kann als Symbol für den Übergang von der korporatistischen zur wettbewerblichen Steuerung im Gesundheitswesen verstanden werden.

Mit dem Übergang der Steuerungskonzepte im Gesundheitswesen von der Steuerung durch professionelle Dominanz über den korporatistischen Ansatz zu einer Steuerung durch Wettbewerb ist auch die Frage verbunden, was Moral Hazard ist und was nicht. Mit dem Hinterfragen der professionellen Dominanz der Ärzte verändert sich auch der Diskurs über Moral Hazard. Die Definitionsmacht darüber haben die Ärzte inzwischen an die Wirtschaftswissenschaften verloren. Weitgehend behalten haben sie noch die professionelle Dominanz gegenüber anderen Heilberufen. Offen bleibt die Frage, ob diese Veränderung des Diskurses die Leistungsfähigkeit des Systems verbessert oder Moral Hazard verstärkt.

Der „Halbgott in Weiß": Der paternalistische Ansatz nach Parsons

„Hinter uns steht nur der Herrgott", so überschrieb der berühmte Chirurg Hans Killian seine Lebenserinnerungen.[17] In ihnen wird das Bild eines Arztes gezeichnet, der die schwere Verantwortung für seine Patienten einsam und heldenhaft meistert, der im Kampf gegen Krankheiten auf die ärztliche Heilkunst und Gottes Beistand vertraut. Der Arzt wird hier als ein Halbgott in Weiß dargestellt.

Die Inkarnation dieses Bildes vom „Halbgott in Weiß" war Ferdinand Sauerbruch, noch heute wird er in Kinderbüchern so dargestellt.[18] Allerdings erscheint der Halbgott in der öffentlichen Perzeption mittlerweile gerne als „Klischee" und wird mit Fernsehsehserien

---

[16] Deutscher Bundestag (26.09.2003): Gesetz zur Modernisierung der gesetzlichen Krankenversicherung (GKV-Modernisierungsgesetz). (GMG), BT-Drs. 675/03. In: SGB V Handbuch, Altötting, 2004, S. 238.

[17] Killian, Hans (1957): Hinter uns steht nur der Herrgott. Aufzeichnungen eines Chirurgen. Stuttgart u. a.

[18] Vgl. z. B.: Ein Halbgott in Weiß: Ferdinand Sauerbruch. Online verfügbar unter *http://www.wasistwas.de,* zuletzt geprüft am 30.08.2009.

wie der Schwarzwaldklinik assoziiert.[19] Doch es ist noch immer verkaufsfördernd. Das zeigt zum Beispiel eine Neuauflage des Konsalik Romans „Männerstation" zusammen mit anderen Arztromanen unter dem gemeinsamen Titel „Halbgott in Weiß".[20] Die nach wie vor ungebrochene Popularität von Arztromanen zeigt, wie stark noch immer das Bild des paternalistisch-fürsorglichen Arztes das öffentliche Bewusstsein prägt. Die Aktualität dieses Arztbildes zeigen zwei Beispiele. Zum einen werden in einem Buch zum Thema Burn-out Gesundheitsberufe als besonders gefährdet eingeschätzt, weil sie mit Rollenerwartungen konfrontiert werden, die sie überfordern: „[...] häufig erwartet der Patient einen ‚Halbgott in Weiß', wie er ihn als allmächtigen Arzt aus Fernsehserien kennt. Doch ein Arzt ist auch nur Mensch."[21] Zum anderen weist Matthias Braasch, Professor für Kriminologie der Justus-Liebig-Universität Gießen, darauf hin, dass die freien Berufe im Gesundheitssystem vom Paragrafen gegen Korruption schlicht nicht erfasst sind. Die Berufsgruppen werden dort nicht einmal erwähnt, bei einem „Halbgott in Weiß" ist für den Gedanken an Korruption kein Platz.[22]

---

[19] So Burger, Harald (1991): Das Gespräch in den Massenmedien. Berlin, S. 147.

[20] Konsalik, Heinz G.; Heim, Peter; Fischer, Marie L. (1995): Halbgott in Weiß. Männerstation / Die Ehe des Dr. Brunner / Frauenstation. München; Der hier mit dem doppelten Titel „Halbgott in Weiß" und „Männerstation" genannte Titel war bereits 1987 erschienen und wurde lediglich mit neuem Titel, eben „Halbgott in Weiß" in diesem Sammelband erneut abgedruckt.

[21] Koch, Axel; Kühn, Stefan (2000): Ausgepowert. Hilfen bei Burnout, Stress, innerer Kündigung. Offenbach, S. 78. Der Arzt und Coach Thomas Bergner schätzt, dass mindestens zwanzig Prozent aller Krankenschwestern, Krankenpfleger und Ärzte am Burn-out-Syndrom leiden: Schmincke, Polly (2009): Burn-out-Syndrom. Erste Hilfe für die Helfer. In: Gesundheit und Gesellschaft, Jg. 12, H. 9, S. 25–29, S. 25.

[22] Zit. n.: Ohne Autor (2009): Gesetzeslücken fördern Korruption auch im Gesundheitswesen. In: Ärzte Zeitung online, 18.09.2009.

Diese Rollenwahrnehmung ist durchaus auch wissenschaftlich zu beschreiben. Talcott Parsons Konzept der Arzt- und Krankenrolle[23] entspricht in hohem Maße dem hier beschriebenen Bild vom Halbgott in Weiß.

Nach Parsons sind vier Kriterien für die Beschreibung der Arztrolle relevant[24]:

Erstens die *Kollektivitätsorientierung*: Danach sind Arzt und Patient dem Gemeinwohl, und weniger dem Eigennutz verpflichtet.

> „Der Arzt soll das Wohl seiner Patienten über seine eigenen Interessen stellen, der Kranke soll einen Genesungswillen zeigen und die mit der Krankenrolle verbundenen Privilegien nicht über die Maßen beanspruchen."[25]

Für den Arzt bedeutet dies auch, dass das Wohl des Patienten Vorrang vor den eigenen, auch materiellen Interessen haben muss.

Zum Zweiten der *Universalismus*: Der Arzt soll allen Menschen nach gleichen Grundsätzen helfen, nicht nur unabhängig von Rasse, Religion, Geschlecht, Nation, sondern auch von sozialem Status. Hier wird schon das Problem sichtbar, dass die Unterschiede zwischen Patientengruppen abhängig von der Art ihrer Versicherung mit diesem Rollenverständnis nicht kompatibel sind. Das dritte Kriterium ist die *affektive Neutralität*: Weder Sympathie noch Antipathie dürfen die Hilfeleistung des Arztes beeinflussen. Und zum Vierten die *funktionale Spezifität*: Der Arzt soll sich auf die Aufgaben konzentrieren, für die er ausgebildet ist.

Die paternalistische Rolle des Arztes resultiert mehr aus der Unterordnung des Patienten unter den mit naturwissenschaftlichen

---

[23] Parsons, Talcott (1958): Struktur und Funktion der modernen Medizin. Eine soziologische Analyse. In: König, René; Tönnesmann, Margret (Hg.): Probleme der Medizin-Soziologie. Opladen, S. 10–57.

[24] Siehe dazu: Geißendörfer, Jürgen; Höhn, Annick (2007): BASICS medizinische Psychologie und Soziologie. München, S. 13.

[25] Borgetto, Bernhard; Kälble, Karl; Babitsch, Birgit (2007): Medizinsoziologie. Sozialer Wandel, Krankheit, Gesundheit und das Gesundheitssystem, S. 161f.

Kenntnissen und fachlicher Autorität ausgestatteten Arzt, als aus dem eigenen Rollenverständnis des Arztes. Dadurch befolgt der Patient die vom Arzt vorgegebenen Therapieentscheidungen *(Compliance)*, statt mit diesem gemeinsam eine Therapie auszuhandeln, an die er sich hält *(Adhärenz)*. [26] Compliance ist bereits gegeben, wenn der Patient die Medikamente so einnimmt, wie der Arzt dies bestimmt hat und er die vom Arzt gesetzten Termine einhält. Im Konzept von Parsons unterwirft sich der Patient der Autorität des Arztes soweit, dass er ihm auch erlaubt, seine körperliche Integrität zu verletzen (z. B. bei Operationen). Schon sprachlich wird das Problem deutlich:

> „Der Patient (lateinisch ‚patiens‘, der oder die Leidende oder Erduldende) und sein Arzt gehen häufig von einer passiven Rolle des Betroffenen aus. Dieses Rollenverständnis kann durchaus einvernehmlich zwischen beiden bestehen, bietet es doch Vorteile durch Bequemlichkeit: für den Patienten, der die Zuständigkeit für sein Gesundwerden an den Experten delegieren kann. Er erduldet, der Arzt heilt. Und für den Arzt, der damit auch das Quasi-Monopol für den Heilungserfolg reklamieren kann."[27]

---

[26] „Während der Begriff Compliance für die Bereitschaft des Patienten steht, eine medizinische Behandlung zu befolgen, bezeichnet der Begriff Adhärenz die Einhaltung der gemeinsam von Patient und Arzt gesetzten Therapieziele. Der Patient versteht sie und ist mit ihnen einverstanden. Im Rahmen einer partnerschaftlichen Arzt-Patienten-Beziehung wird daher der Begriff Adhärenz verwendet." Techniker Krankenkasse (2009): Compliance oder Adhärenz. Online verfügbar unter *http://www.tk-online.de,* zuletzt geprüft am 09.09.09. Weiterführend s. Mühlhauser, Ingrid; Müller, Hardy (2009): Patientenrelevante Endpunkte und patient-reported outcomes in klinischer Forschung und medizinischer Praxis. In: Klusen, Norbert; Fließgarten, Anja; Nebling, Thomas (Hg.): Informiert und selbstbestimmt. Der mündige Bürger als mündiger Patient. Baden-Baden, S. 34–65, S. 45

[27] Klusen, Norbert; Meusch, Andreas (2009): Vorwort. In: Klusen, Norbert; Fließgarten, Anja; Nebling, Thomas (Hg.): Informiert und selbstbestimmt. Der mündige Bürger als mündiger Patient. Baden-Baden, S. 5–9, S. 5

Mühlhauser und Müller und plädieren nachdrücklich dafür, sich konzeptionell nicht mit der Compliance der Patienten zufrieden zu geben: „Obwohl solche Parameter zur Erklärung von Effekten nützlich sein können, sind sie keine für Patienten relevante Endpunkte."[28]

Aufschlussreich bei dieser Übersicht ist, dass die materielle Komponente der Interaktion nicht abgebildet wird. Dass der Arzt für sein Handeln bezahlt wird, ist in diesem Rollenbild eher störend, der Rechte- und Pflichtenkanon nimmt beide Akteure aus den Handlungsmustern des Alltags heraus. Dieser Beziehung wohnt ein Zauber inne, der funktioniert, solange beide Beteiligte daran glauben und entsprechend handeln. Allein der Verdacht von Moral-Hazard-Verhalten oder allein von materiellen Motiven des einen wie des anderen Akteurs würde diesen Zauber zwangsläufig zerstören. In diesem Rollenmuster darf weder der Patient auf den Gedanken kommen, dass der Arzt eine Sonografie macht, um seine Geräte auszulasten, noch darf der Arzt annehmen, dass der Patient nicht wirklich krank ist, sondern nur einen „gelben Urlaubsschein" haben will. Praxisgebühr, „Individuelle Gesundheitsleistungen (IGeL)"[29] oder Patientenquittung stören ebenfalls

---

[28] Mühlhauser, Ingrid; Müller, Hardy (2009): Patientenrelevante Endpunkte und patient-reported outcomes in klinischer Forschung und medizinischer Praxis. In: Klusen, Norbert; Fließgarten, Anja; Nebling, Thomas (Hg.): Informiert und selbstbestimmt. Der mündige Bürger als mündiger Patient. Baden-Baden, S. 34–65, S. 45.

[29] Der Katalog „Individuelle Gesundheitsleistungen", kurz „IGEL-Liste" genannt, beschreibt für Vertragsärzte, mit welchen Gesundheitsleistungen sie außerhalb der Behandlung auf Krankenschein durch Privatliquidation Geld verdienen können, s. dazu: *http://www.igelarzt.de/igelarzt.html;* Hermanns, Peter M.; Ascher, Wolfgang (2000): IGeL-Liste. Landsberg. Transpareny International stellt die IgeL sogar in den Kontext von Korruption (s. dazu: Transparency International (Hg.) (2008): Transparenzmängel, Korruption und Betrug im deutschen Gesundheitswesen – Kontrolle und Prävention als gesellschaftliche Aufgabe. Grundsatzpapier. Online verfügbar unter *http://www.transparency.de,* zuletzt geprüft am 19.09.2009, S. 20. Dies ist aber eine deutlich überzogene Sicht auf das Thema und wird hier nicht geteilt. Es wird auf das in Abschnitt 2.2 dargestellte Problem bei der Ausweitung von Definitionen hinge-

die Fiktion dieser Rollenmuster. Das Sachleistungsprinzip stärkt hingegen strukturell diese paternalistischen Rollenmuster.

Exkurs: Mythos und Arztrolle

Politikwissenschaftlich lässt sich die Rolle des Arztes als „Halbgott in Weiß" als Mythos begreifen. Mythen sind eine Metasprache, die von ganz bestimmten soziopolitischen Gruppen verwendet werden.[30]

Welche Funktionalität hat aber ein Mythos? Er verschleiert nicht, er vernichtet das Bild nicht, er geht nach Barthes einen dritten Weg: Er macht einen Begriff / ein Bild „natürlich":

> „Wir sind hiermit beim eigentlichen Prinzip des Mythos: er verwandelt Geschichte in Natur. Man versteht nur, wie *in den Augen des Verbrauchers von Mythen* die Intention des Begriffes so offenkundig bleiben kann, ohne deshalb als interessengebunden zu erscheinen. Die Sache, die bewirkt, daß die mythische Aussage gemacht wird, ist vollkommen explizit, aber sie gerinnt sogleich zu Natur. Sie wird nicht als Motiv, sondern als Begründung gelesen."[31]

Was also impliziert der Mythos vom Halbgott in Weiß? Offenkundig ist, dass dieser Halbgott bei den Patienten Vertrauen erzeugen soll, gleichzeitig aber auch, dass das Heilen letztendlich in Gottes Hand liegt – der Arzt mag dem näher stehen als der Patient, aber das Letzte, Unsagbare bleibt. Der Zauber, der Mythos, das Irrationale sollen erhalten bleiben. Als Mythos aber funktioniert der Halbgott in Weiß, weil der Patient die Erzeugung des Bildes nicht dem konkreten Arzt zuschreibt – der *Arzt als solcher* ist mit seinen Heilfähigkeiten dieser Halbgott. Nur „gute Menschen" entschließen sich, Arzt zu werden.

Dabei ist dieses Bild vom guten Menschen aus einer schlichten ökonomischen Notwendigkeit des Arztberufes entstanden. Eine Not-

---

wiesen: Die Ausweitung des Korruptionsbegriffes erscheint hier ähnlich problematisch wie der von struktureller Gewalt.

[30] Siehe dazu: Barthes, Roland (2009): Mythen des Alltags, Frankfurt am Main, S. 115 ff.

[31] Barthes, Roland (2009): Mythen des Alltags, Frankfurt am Main, S. 113.

wendigkeit, die schon rund 400 Jahre vor Christus bestand, der Zeit aus der der Hippokratische Eid stammt: „In wie viele Häuser ich auch kommen werde, zum Nutzen der Kranken will ich eintreten und mich von jedem vorsätzlichen Unrecht und jeder anderen Sittenlosigkeit fern halten […]."

Damals gab es keine diagnostische Medizin und die therapeutischen Möglichkeiten waren ausgesprochen begrenzt. Der Arzt hatte aus ganz existenziellen, ökonomischen Interessen guten Grund, Schaden von seinen Patienten fern zu halten, selbst wenn das bedeutet, lieber gar nichts zu unternehmen. Und so schwört der Arzt: „Die diätetische Maßnahmen werde ich nach Kräften und gemäß meinem Urteil zum Nutzen der Kranken einsetzen, Schädigung und Unrecht aber ausschließen." Ein Arzt, der Schaden bringt, wird nicht erneut ins Haus gerufen. Und so endet der Eid, der heutzutage Urgrund des Bildes vom guten Menschen Arzt ist, ganz konsequent:

> „Wenn ich diesen Eid erfülle und ihn nicht antaste, so möge ich mein Leben und meine Kunst genießen, gerühmt bei allen Menschen für alle Zeiten; wenn ich ihn aber übertrete und meineidig werde, dann soll das Gegenteil geschehen."[32]

Zwei Motivationen hatte der Arzt, sich wohlfeil und fromm zu verhalten: Erfolg und Nachruhm. Auch schon in der ersten Konstruktion des Arztbildes, ist er „gut", weil es sich lohnt. So entsteht der Mythos, aber wie jeder Mythos ist er von seiner Situation abhängig. „Es genügt, seine Umgebung zu verändern, das allgemeine (und widerrufliche) System, in dem er seinen Platz innehat, um seine Tragweite aufs Genaueste zu regulieren."[33]

Der quasi sakrale Charakter der Kommunikation wie er in der Metapher vom Halbgott im Weiß zum Ausdruck kommt, verlangt danach, die vier Kommunikationsformen Caritas, Geld, Macht und

---

[32] Vgl. Bauer, Axel W. (2005): Realität – Ideal – Projektion? Der „gute" Arzt in medizinhistorischer Perspektive. In: Ärzteblatt Baden-Württemberg (ÄBW) 60, H. 1, S. 23–26.

[33] Barthes, Roland (2009): Mythen des Alltags, Frankfurt am Main, S. 133.

Wahrheit um eine weitere zu ergänzen, die dem quasi religiösen Charakter der Kommunikation entspricht. Luhmann unterscheidet Religion als System von anderen Systemen, indem er fragt, wie Religion sich selbst unterscheidet. In seiner Sicht tut sie das durch eine Realitätsverdopplung:

> „Irgendwelchen Dingen oder Ereignissen wird eine besondere Bedeutung verliehen, die sie aus der gewöhnlichen Welt (in der sie zugänglich bleiben) herausnimmt und mit einer besonderen ‚Aura‘, mit besonderen Referenzkreisen ausstattet. Es ist dann nicht mehr alles, was ist, real, indem es ist, wie es ist, sondern es wird eine besondere, sagen wir reale Realität dadurch erzeugt, dass es etwas gibt, was sich von ihr unterscheidet.“[34]

Dieses Besondere wird, und dadurch unterscheidet sich Religion von anderen Formen der Realitätsverdopplung wie dem Irrtum, positiv konnotiert.[35] Kennzeichnend für Religion ist außerdem, dass sie die unbeobachtbare Seite des Codes als Grund der Realität annimmt und damit das transzendente Sinnkorrelat zu allem immanent Beobachtbarem ist.[36]

Religion verfremdet das Wahrgenommene, belässt es aber gleichzeitig im Zustand des Wahrnehmbaren und macht es damit für die Kommunikation verfügbar. „Die anfängliche Unterscheidung von realen und real imaginierten Dingen wird schließlich überformt durch eine binäre Codierung: durch die Bereithaltung der Doppelbewertung als immanent und transzendent“.[37] Religion vollzieht sich also durch

---

[34] Luhmann, Niklas (2000): Die Religion der Gesellschaft. Frankfurt am Main, S. 58 f.

[35] Luhmann, Niklas (2000): Die Religion der Gesellschaft. Frankfurt am Main, S. 60.

[36] Luhmann, Niklas (2000): Die Religion der Gesellschaft. Frankfurt am Main, S. 63.

[37] Wohlrab-Sahr, Monika (2005): Luhmanns Religionssoziologie und die empirische Religionsforschung – zwei getrennte Welten? In: Runkel, Gunter; Burkart, Günter; Runkel, Gunter; Burkart, Günter (Hg.): Funktionssysteme der

eine bestimmte Semantik, einen Code. „Sehr einfach gesagt: Wo die Welt mit dem religiösen Code, der Differenz von Immanenz und Transzendenz beobachtet wird, dort lässt sich von ‚Religion' reden."[38]

Das Rollenverständnis des Halbgottes in Weiß entspricht insoweit dem Verständnis des Schamanen, dessen Funktion klar religiös motiviert ist. Die lateinischen Fachbegriffe in Gespräch des Arztes mit dem Patienten haben damit die gleiche Funktion wie die Formeln „Amen" „Halleluja" oder „Kyrie eleison" im Gottesdienst, sie symbolisieren Transzendenz im Immanenten, sind Realitätsverdopplung. Hat das „Hokuspokus" und „Abrakadabra"[39] heute keinen Anteil mehr am Transzendenten und ist nur noch ironisch oder bei Zaubertricks von Kindern verwendbar, symbolisiert die mit lateinischen Fachausdrücken gespickte Fachsprache des Halbgottes in Weiß noch immer den Anspruch auf Teilhabe an der das Rationale übersteigende Zauberkraft der Schamanen.

Wenn Stefan Etgeton, Gesundheitsexperte vom Bundesverband der Verbraucherzentralen[40], darauf hinweist, dass die Patienten oft einfach nicht verstehen, was gemeint ist und fordert, „,erhöhte Leukozyten' muss der Arzt erklären"[41], dann lässt sich dies auch decodie-

---

Gesellschaft. Beiträge zur Systemtheorie von Niklas Luhmann. Wiesbaden, S. 71–88, S. 73 f.

[38] Luhmann, Niklas (2004): Das Beobachten des Unbeobachtbaren. Niklas Luhmanns systemtheoretische Auffassung von religiöser Kommunikation. In: Gabriel, Karl; Reuter, Hans-Richard; Große Kracht, Hermannn-Josef (Hg.): Religion und Gesellschaft. Texte zur Religionssoziologie. Paderborn, S. 176–192; S. 177.

[39] Hokuspokus wird auf die Formel der lateinischen katholischen Messe bei der Wandlung zurückgeführt „Hoc est enim corpus meum" = Denn dies ist mein Leib; Abrakadabra geht zurück auf den altägyptischen Sonnengott Brasax; Großfeld, Bernhard (1995): Zeichen und Zahlen im Recht. Zahlen in Rechtsgeschichte und Rechtsvergleichung. Tübingen, S. 2.

[40] Der Diplom-Theologe ist inzwischen Senior Expert für die Bertelsmann Stiftung

[41] Zit. n.: Bartens, Werner (2010): Gesundheitswesen – Der deutsche Patient. In: Süddeutsche Zeitung, 15.06.2010. Online verfügbar unter *http://www.sued deutsche.de*, zuletzt geprüft am 15.06.2010.

ren als Forderung, der Arzt soll seine religiöse Rolle ablegen und in seiner Sprache nicht auf Transzendenz verweisen, sondern sich auf das Immanente zurückziehen. Der Arzt als säkularisierter Priester, der die Sehnsucht nach Transzendenz in einer entzauberten Welt verkörpert, ist ein gesellschaftlicher Trend, in dem der Arzt die Hauptrolle spielt und damit ein viel grundsätzlicheres Bedürfnis befriedigt:

> „Wenn heute überhaupt etwas auf dem Altar steht, angebetet und mit allerhand schweißtreibenden Sühneopfern bedacht wird, so ist es die Gesundheit. Unsere Vorfahren bauten Kathedralen, wie bauen Kliniken. Unsere Vorfahren machten Kniebeugen, wir machen Rumpfbeugen. Unsere Vorfahren retteten ihre Seele, wir retten unsere Figur. Es fehlt auch nicht an Protagonisten: selbst ernannten Päpsten, ergebenen Gläubigen, Hohepriestern des Wohlergehens, Zuchtmeistern, Asketen, Heiligen, Inquisitoren. Keine Frage, wir haben eine neue Religion: die Gesundheitsreligion"[42],

schreibt der Facharzt für Psychiatrie und Theologe Manfred Lütz.

Die Forderung nach Entzauberung der Arztrolle kommt aber nicht nur von außen – der Arzt entzaubert sich selbst:

> „Der Halbgott in Weiß verabschiedet sich, das normative Bild wird in der öffentlichen Wahrnehmung von den Ärzten selbst zerstört: „Mediziner, die vor Demonstrationen noch rasch ein Laken mit Parolen wie ‚Operiert euch doch selbst‘ besprühen – so etwas greift den Nimbus des Halbgottes an und holt einen ganzen Berufsstand auf den Boden der Realität. Plötzlich stehen Ärzte auf einer Stufe neben ganz normalen Arbeitnehmern, die für mehr Lohn auf die Straße gehen."[43]

Die ökonomische Notwendigkeit und Realität des Arztberufes, die im Eid des Hippokrates verschleiert wurde, kehrt nun geballt auf die

---

[42] Lütz, Manfred (2002): Lebenslust. Über Risiken und Nebenwirkungen des Gesundheitswahns. München, Umschlaginnenseite.
[43] Reiners, Willi (2006): Der Halbgott in Weiß verabschiedet sich. Frustriert in Klinik und Praxis: Wie sich das Bild des Arztes wandelt. In: Stuttgarter Zeitung, 13.10.2006, S. 4.

Straße zurück. In dem Maße, in dem die ökonomische Realität in das Parsonssche Rollenmuster interveniert, werden andere Rollenmuster zwischen Arzt und Patient notwendig.[44]

„Säkularisierung der Arztrolle“:[45] *‚Informed consent‘ als Basis der Arzt-Patienten-Beziehung*

Das Rollenverhältnis zwischen Arzt und Patient ist in Deutschland durch die Musterberufsordnung der Bundesärztekammer vorgegeben. Sie legt in § 7 fest:

> „Jede medizinische Behandlung hat unter Wahrung der Menschenwürde und unter Achtung der Persönlichkeit, des Willens und der Rechte der Patientinnen und Patienten, insbesondere des Selbstbestimmungsrechts, zu erfolgen. […] Den begründeten Wunsch der Patientin oder des Patienten, eine weitere Ärztin oder einen weiteren Arzt zuzuziehen oder einer anderen Ärztin oder einem anderen Arzt überwiesen zu werden, soll die behandelnde Ärztin oder der behandelnde Arzt in der Regel nicht ablehnen.“

In § 8 heißt es weiter:

> „Zur Behandlung bedürfen Ärztinnen und Ärzte der Einwilligung der Patientin oder des Patienten. Der Einwilligung hat grundsätzlich die erforderliche Aufklärung im persönlichen Gespräch vorauszugehen.“[46]

---

44 Anders Paul Kirchoff, der in seinen Überlegungen zu Reformen im Gesundheitswesen – ohne ausdrücklich Bezug auf Parsons zu nehmen – gerade in der Stärkung der entsprechenden Arztrolle einen wichtigen Reformansatz sieht. Kirchhof, Paul (2006): Das Gesetz der Hydra. Gebt den Bürgern ihren Staat zurück! München, S. 155f.

45 Borgetto, Bernhard; Kälble, Karl (2007): Medizinsoziologie. Sozialer Wandel, Krankheit, Gesundheit und das Gesundheitssystem, S. 163.

46 Bundesärztekammer (ohne Jahr): Auszug aus der (Muster-)Berufsordnung. Patientenrechte. Online verfügbar unter *http://www.bundesaerztekammer.de,* zuletzt geprüft am 19.10.2010.

Der in der Musterberufsordnung formulierte Standard für das Arzt-Patienten-Verhältnis wird in der Literatur als „informed consent" beschrieben und ist in der einschlägigen Rechtsprechung präzisiert..[47] Die Patienten treten dadurch aus ihrer passiven Krankenrolle heraus. Von Objekten ärztlicher Heilkunst werden sie zu Subjekten eines Behandlungsprozesses. Dieser Paradigmenwechsel wird seit Anfang der 1990er Jahre durch ein neues Verständnis der Medizin nicht nur als Erfahrungsmedizin, sondern zunehmend als einer wissenschaftsbasierten Medizin (evidenzbasierte Medizin, ebM) beschrieben. Diese ist mit einer Änderung des Rollenverständnisses von Arzt wie Patient verbunden. Partizipative Entscheidungsfindung und evidenzbasierte Entscheidung „lösen das Konzept der einseitigen Entscheidungshoheit durch die Ärzte ab".[48]

Die Rolle des Patienten wandelt sich damit zum Koproduzenten von Gesundheit, und die Arzt-Patient-Beziehung wird vor allem als Kooperationsbeziehung aufgefasst:

„Der Patient übernimmt als ‚beteiligter Experte' durch seine Mitwirkung am Prozess der medizinischen Dienstleistung selbst aktiv Leistungen und trägt durch seine Mitarbeit wesentlich zur Prozess- und Ergebnisqualität des Leistungsgeschehens bei. Als förderlich für die Wirksamkeit der Leistung werden neben der kunstgerechten und angemessenen Anwendung geprüfter Verfahren insbesondere ein vertrauensvolles persönliches Verhältnis zwischen Arzt und Patient sowie an-

---

[47] Koch, Hans-Georg (2007): Einwilligung („informed consent") als Legitimation ärztlichen Handelns am Patienten. Online verfügbar *unter http://www.uni klinik-freiburg.de,* zuletzt geprüft am 09.09.2009; Ratzel, Rudolf; Lippert, Hans Dieter (2006): Kommentar zur Musterberufsordnung der deutschen Ärzte (MBO). Berlin.

[48] Mühlhauser, Ingrid; Müller, Hardy (2009): Patientenrelevante Endpunkte und patient-reported outcomes in klinischer Forschung und medizinischer Praxis. In: Klusen, Norbert; Fließgarten, Anja; Nebling, Thomas (Hg.): Informiert und selbstbestimmt. Der mündige Bürger als mündiger Patient. Baden-Baden, S. 34–65, S. 35f.

gemessene Beratung, Information und Schulung der Patienten zur Förderung ihrer Motivation, Mitwirkung und Kompetenz genannt."[49]

In diesem Rollenmuster bleibt die prinzipielle Asymmetrie hinsicht-
lich der medizinischen Kompetenzen erhalten. Auch hier geht es um
Compliance, nicht um Adhärenz. In der Literatur wird betont, dass
dieser Ansatz gegenüber dem paternalistischen Rollenkonzept die
Compliance verbessert. „So beziffert beispielsweise die American
Heart Association 1999 die Folgekosten nicht-adäquater Medikamen-
teneinnahme mit ca. 8,5 Mio. US-Dollar."[50] Dies zeigt, dass eine
Verbesserung der Kommunikation, die zu einer Verbesserung der
Adhärenz führt, auch konkrete ökonomische Auswirkungen haben
kann. Es wird deshalb nachdrücklich dafür plädiert, die Kommunikation zwischen Arzt und Patient so zu verändern, zu verbessern, dass
die Therapietreue verbessert wird.

*Der Arzt als Dienstleister für den selbstbestimmten und informierten
Patienten*

„Informiert und selbstbestimmt" – so soll der Patient nach der Überzeugung vieler Akteure im Gesundheitswesen sein, ein Konsument,
ein Souverän, der autonom in eigener Sache entscheidet.[51]

> „Mit dem Ansatz des ‚shared-decision-making' schließlich liegt ein Ide-
> almodell medizinischer Entscheidungsfindung vor, in dem versucht
> wird, in ganzheitlicher Weise die Situation des betroffenen Patienten zu
> erfassen, ihn optimal über Chancen, Risiken und Alternativen von The-
> rapien zu informieren und seine persönlichen Bedürfnisse, Werte und
> Risikopräferenzen in den Entscheidungsprozess zu integrieren. Dieser
> Ansatz ist insbesondere für die Behandlung chronischer Erkrankungen

---

[49] Dierks, Marie-Louise; Bitzer, Eva-Maria; Lerch, Magnus (2001): Patienten-
souveränität. Der autonome Patient im Mittelpunkt. Stuttgart, S. 9 f.

[50] Thielmann, Lars; Rohr, Manfred; Schade, Diethard (2002): Szenarien für mehr
Selbstverantwortung und Wahlfreiheit im Gesundheitswesen. Stuttgart, S. 39.

[51] Klusen, Norbert; Fließgarten, Anja; Nebling, Thomas (Hg.) (2009): Informiert
und selbstbestimmt. Der mündige Bürger als mündiger Patient. Baden-Baden.

vorteilhaft, erweist sich jedoch als recht anspruchsvoll. Er erfordert die Bereitschaft und auch die Fähigkeit der Patienten, sich engagiert auf eine solche Kommunikation einzulassen."[52]

Bengel geht davon aus, dass jedes Individuum „geeignete Ressourcen zur Verfügung hat, um den Anforderungen zu begegnen"[53] und Fließgarten und Nebling kommen als Fazit einer Sekundäranalyse von empirischen Befragungen zu dem Ergebnis, dass Patienten mündig sein wollen.[54] Großkinsky schließlich sieht den Patienten als Nutzer gesundheitsbezogener Ressourcen und „Gesundheitsmanager im Mittelpunkt".[55]

Und, so muss man ergänzen, es erfordert die Bereitschaft der Ärzte, im Patienten nicht mehr das Objekt seiner Fürsorge, sondern den Partner für die gemeinsam zu bewältigende Aufgabe der Heilung zu sehen. Darin werden Chancen für beide Seiten gesehen:

> „Wenn es jedoch gelingt, die ‚gelernte Kompetenz' der Ärzte mit der ‚gelebten Kompetenz' der Betroffenen zu verbinden, kann dies nicht nur die Lebensqualität, die Würde und das Wohlbefinden der Nutzer, sondern vermutlich auch die Arbeitszufriedenheit der Behandler positiv beeinflussen."[56]

---

[52] Thielmann, Lars; Rohr, Manfred; Schade, Diethard (2002): Szenarien für mehr Selbstverantwortung und Wahlfreiheit im Gesundheitswesen. Stuttgart, S. 39.

[53] Bengel, Jürgen; Strittmatter, Regine; Willmann, Hildegard (2001): Was erhält Menschen gesund? Antonovskys Modell der Salutogenese – Diskussionsstand und Stellenwert. Köln, S. 29.

[54] Nebling, Thomas; Fließgarten, Anja (2009): Wollen Patienten mündig sein? In: Klusen, Norbert; Fließgarten, Anja; Nebling, Thomas (Hg.): Informiert und selbstbestimmt. Der mündige Bürger als mündiger Patient. Baden-Baden, S. 80–96, S. 93.

[55] Großkinsky, Sabine (2008): Systemprinzipien der Gesundheitsversorgung in der Sozialen Marktwirtschaft. Eine ordnungsökonomische Analyse. Baden-Baden, S. 13.

[56] Dierks, Marie-Louise; Bitzer, Eva-Maria; Lerch, Magnus (2001): Patienten-souveränität. Der autonome Patient im Mittelpunkt. Stuttgart, S. 14.

Der Arzt als Maximierer seines Nutzens: Der Ansatz der klassischen volkswirtschaftlichen Theorie

„Der Wettbewerb zwischen Ärzten spiegelt sich bei der Auswahl des Niederlassungsortes und bei dem ‚Kampf‘ um Patienten wieder."[57]

„Erst Geld, dann Spritze – Wenn der Doktor Bares will." Mit diesem provokanten Titel geht Talkerin Anne Will in die sonntägliche Runde. Noch sind es Einzelfälle, aber sie sorgen bundesweit für Schlagzeilen: Ärzte halten vor der Behandlung die Hand auf und verlangen Geld. Ihr Argument: Die Behandlung von Patienten rechnet sich nicht immer.[58]

Eine Studie zum Berufsethos von Medizinern nimmt als Ergebnis der eigenen Analyse in Anspruch „der analytische Nachweis eines strukturalen moralischen Defizits" dieses Berufsstandes wegen seiner ökonomischen Präferenzen sei gelungen.[59]

Deutlich wird hier das Gegenkonzept zum paternalistischen Rollenverständnis von Parsons: Was sich nicht rechnet, wird nicht gemacht. Es ist das Bild vom Arzt als Maximierer seines ökonomischen Nutzens. Die Zitate machen deutlich, dass dies nicht das dominierende Deutungsmuster in der Arzt-Patienten-Beziehung ist, aber es ist präsent. In diesen Kontext gehört es auch, dass die Informationen zur Abrechnung von Kassenleistungen im Internetportal kassenarzt.de in der Rubrik „Unternehmer Arzt" zu finden ist.[60] Hier geht es um die

---

[57] Lehmann, Daniel (ohne Jahr): Wettbewerb allgemein. In: Gesundheitsökonomie. Neue Trends in der Gesundheitswirtschaft. Online verfügbar unter *http://www.gesundheits-oekonomie24.de*, zuletzt geprüft am 23.09.2009.

[58] Pifan, Thorsten (2009): Late Night: Anne Will und die Geiseln im Wartezimmer. In: Die Welt, 24.03.2009. Online verfügbar unter *http://www.welt.de*, zuletzt geprüft am 21.09.2009.

[59] Raven, Uwe (1989): Professionelle Sozialisation und Moralentwicklung. Zum Berufsethos von Medizinern. Wiesbaden, S. 293.

[60] Kassenarzt.de (ohne Jahr): Unternehmer Arzt. KV-Abrechnung. kassenarzt.de. Online verfügbar unter *http://www.kassenarzt.de*, zuletzt geprüft am 19.10.2010.

Optimierung als Unternehmer, nicht um Verhalten, das sich am Gemeinwohl orientiert und dem paternalistischen Rollenbild entspricht.

Hier ist zunächst festzuhalten, dass Ärzte Teil einer Gesellschaft sind, die durch die „Ökonomisierung aller Lebensbereiche" geprägt ist.[61] Die Ökonomisierung des Gesundheitswesens ist ein Teil dieser Entwicklung, die sich in den wissenschaftlichen Debatten[62] und im Bewusstsein der Betroffenen widerspiegelt. Aus der Perspektive des Arztes ist dies eine negative Entwicklung.

„Gerade mit den aktuellen Reformen zur Dämpfung der Kosten im Gesundheitswesen und den damit verbundenen unterschiedlichen Einschränkungen der ärztlichen Entscheidungsfreiheit ist die wirtschaftliche Bedeutung ihrer Tätigkeit als ein entscheidender Faktor den Ärzten deutlicher in den Blick gerückt. Das für den Helferberuf typische Ideal der Unabhängigkeit wird mit einer Realität konfrontiert, die den Arzt

---

[61] Weiterführend dazu s.: Krönig, Franz Kasper (2007): Die Ökonomisierung der Gesellschaft. Systemtheoretische Perspektiven. Univ. Diss. Flensburg, 2006. Bielefeld. Kurbjuweit, Dirk (2005): Unser effizientes Leben. Die Diktatur der Ökonomie und ihre Folgen. Reinbek bei Hamburg. Die Inhaltsangabe zu dem Buch Schimank, Uwe; Volkmann, Ute (Hg.) (2007): Soziologische Gegenwartsdiagnosen. Eine Bestandsaufnahme, sagt: „Wer von einer Ökonomisierung gesellschaftlicher Teilbereiche wie z. B. der Hochschulen oder des Gesundheitswesens oder gar von einer Ökonomisierung der Gesellschaft insgesamt spricht, tut dies zumeist in einer kritischen Haltung. Er beklagt, dass ökonomische Gesichtspunkte die Oberhand über universitäre Bildung oder medizinische Notwendigkeiten bzw. Möglichkeiten gewinnen — anders gesagt: dass die Lehre oder die Versorgung von Kranken zumindest keine dauerhaften wirtschaftlichen Verluste einfahren darf, vielleicht gar Gewinne erwirtschaften muss". Im Internet: *http:// www.springerlink.com.*

[62] Weiterführend s. Bauer, Ullrich (2006): Die sozialen Kosten der Ökonomisierung von Gesundheit. In: Das Parlament H. 8. Online verfügbar *unter http:// www.das-parlament.de,* zuletzt geprüft am 22.08.2009. Kühn, Hagen (2004): Die Ökonomisierungstendenz in der medizinischen Versorgung. In: Elsner, Gine; Gerlinger, Thomas; Stegmüller, Klaus (Hg.): Markt versus Solidarität. Gesundheitspolitik deregulierten Kapitalismus. Hamburg, S. 25–41. Die Kombination der Stichworte „Ökonomisierung" und „Gesundheitswesen" generiert bei google fast 15.000 Treffer, geprüft am 22.08.2009.

sich eher als einen ‚Facharbeiter im Subsystem der sozialen Sicherheit' erleben lässt."[63]

Die Darstellung der sechs Rollenmuster macht eines deutlich: Die verschiedenen Rollenmuster sind nicht miteinander kompatibel. Die daraus entstehenden Probleme sollen nun unter folgenden Gesichtspunkten diskutiert werden:

- Die Gleichzeitigkeit inkompatibler Rollenmuster,
- Auswirkungen antagonistischer Rollenmuster: Stress,
- Informationsasymmetrien als Problem partizipativer Entscheidungsfindung sowie
- Auswirkungen unterschiedlicher Rollenmuster der Ärzte auf Patientenverhalten.

Die Gleichzeitigkeit inkompatibler Rollenmuster

Durch diese von ökonomischen Erwägungen geprägten Bedingungen landet das Rollenbild des Arztes quasi zwischen den Stühlen: einerseits möglichst allwissender Halbgott mit fachlicher Autorität, andererseits selbstständiger Unternehmer und Verwalter des sozialgesellschaftlichen Mangels.

Unter diesem Zwiespalt gerät nicht nur das Fremd- sondern auch das Selbstbild des Arztes ins Wanken:

„[...] Noch dramatischer indes verändert sich das Selbstbild der Ärzte. Ein wichtiger Grund ist die zunehmende Ökonomisierung der Medizin. Die Finanzmittel im Gesundheitswesen sind begrenzt. Das zwingt zur Rationalisierung und Qualitätskontrolle. Alles, was der Doktor tut, wird auf seine Evidenz hin überprüft. Das heißt: Der Nutzen für den Patienten muss klar ersichtlich sein. Im Ergebnis führt das zu einer wachsenden Fremdbestimmung der ärztlichen Tätigkeit. Exemplarisch

---

[63] Plewnia, Christian Gerhard (1999): Wandel der Arztideale. Entwicklungen in Abhängigkeit von der Dauer der Berufstätigkeit. Univ. Diss. Gießen, 1998. Münster u. a., S. 19f.

dafür stehen Leitlinien, die minutiös vorgeben, wie chronische Erkrankungen zu behandeln sind."[64]

Der autonome Mediziner, der selbst am besten weiß, was für seinen Patienten am besten ist, geht sich selbst verloren. Der Präsident der Bundesärztekammer beschreibt die Entwicklung in einem Referat mit dem Titel „Arztrolle und Ethos in der Rationierung" folgendermaßen:

> „Wir beobachten den sich immer weiter ausbreitenden Glauben in Politik und Verwaltungen, die Medizin und damit die Patientenversorgung seien zentral und vor allem schematisiert anzulegen. Besonders die letztgenannte Entwicklung bedeutet für uns Ärzte(innen) einen gravierenden Wandel des Selbstverständnisses, wenn wir diesen Prozess nicht viel intensiver geisteswissenschaftlich und politisch beeinflussen. Denn die zunehmende Programmierung, auch der Begriff Konfektionierung ist berechtigt, von Prozeduren bei der Betreuung von kranken Menschen wird unabsehbare Folgen haben."[65]

Welche Folge befürchtet der qua Amt oberste Ethikbeauftragte der deutschen Ärzte? Sein größter Einwand gegen die beobachtete „Konfektionierung" ist die Entindividualisierung der Patienten, und der Beziehung von Arzt und Patient. Über die möglichen und sinnvollen Therapien wird nicht länger in einer vertrauensvollen, individuellen Arzt-Patient-Beziehung entschieden, sondern von Programmen und Leitlinien. Die Ursache für diesen Paradigmenwechsel sieht Hoppe im Erstarken der evidenzbasierten Medizin, die keine kranken Individuen kennt, sondern die Patienten zu „Krankheits-, ja sogar Diagnosebesitzern" macht.[66]

---

[64] Reiners, Willi (2006): Der Halbgott in Weiß verabschiedet sich. Frustriert in Klinik und Praxis: Wie sich das Bild des Arztes wandelt. In: Stuttgarter Zeitung, 13.10.2006, S. 4.

[65] Hoppe, Jörg-Dietrich (2007): Arztrolle und Ethos in der Rationierung. In: Schleswig-Holsteinisches Ärzteblatt, H. 5, S. 59–64, S. 61.

[66] Hoppe, Jörg-Dietrich (2007): Arztrolle und Ethos in der Rationierung. In: Schleswig-Holsteinisches Ärzteblatt, H. 5, S. 59–64, S. 61.

Worum geht es dem Autor? – Er will einen Prozess „intensiver geisteswissenschaftlich und politisch" beeinflussen, der einen „gravierenden Wandel des Selbstverständnisses" der Ärzte zu bewirken droht. Um welchen Prozess es geht, das sagt die Überschrift: Rationierung.

Warum wird hier nicht der gesetzestechnische Begriff „Budgetierung" verwendet, sondern von Rationierung gesprochen? Rationierung ist ein Begriff, der mit der Kriegswirtschaft und ihrer Mangelversorgung assoziiert wird. Er schließt ein, dass an sich Notwendiges nicht zur Verfügung steht. Was ist das Notwendige, das nach Ansicht des Autors nicht mehr zur Verfügung steht? Es droht „Programmierung", „Konfektionierung", „Verödung des Arzt-Patienten-Verhältnisses" sowie „Kommunikation der Schematisierung". Verloren geht Hoppe dabei die individuelle Betreuung und Entscheidung über Therapie, die Unvergleichbarkeit der Patienten miteinander. Die Funktion eines Arztes sei auch die eines „Hoffnungsträgers" und die Medizin beinhaltet „über naturwissenschaftliche begründete Pharmakomedizin und Medizintechnik hinaus auch nicht wäg- und messbare Behandlungsverfahren von Ärzten(innen)".[67]

Dabei muss aber erwähnt werden, dass Hoppe evidenzbasierte Leitlinien nicht ablehnt, im Gegenteil, er betont ihren Nutzen insbesondere für den Erwerb aktuellen Wissens für Ärzte, aber die Kosten-Nutzen-Analysen, die daraus folgen, sollten seriös und „absolut transparent" sein und „in einer für die Individualebene Patient-Arzt nützlichen Form veröffentlicht werden".[68] Andernfalls ist es eine verschwiegene Rationierung und die birgt die Gefahr, dass der Patient nicht länger darauf vertrauen kann, dass ökonomische Motive den Arzt in seiner Entscheidung nicht beeinflussen. Kontrastiert wird die Darstellung von Hoppe durch die seines Stellvertreters, Ulrich Montgomery. Der hat die Tatsache, dass Ärzte für die Verschreibung von

---

[67] Hoppe, Jörg-Dietrich (2007): Arztrolle und Ethos in der Rationierung. In: Schleswig-Holsteinisches Ärzteblatt, H. 5, S. 59–64, S. 64.

[68] Hoppe, Jörg-Dietrich (2007): Arztrolle und Ethos in der Rationierung. In: Schleswig-Holsteinisches Ärzteblatt, H. 5, S. 59–64, S. 64.

Medikamenten der Firma Ratiopharm Geld genommen hatten, als „ein ganz normales, natürliches Verhalten" bezeichnet.[69] Für unseren Kontext ist die Bewertung des Regensburger Strafrechtsprofessors Müller relevant:

> „Kriminologisch interessant ist das Dictum Montgomerys, es handele sich um ‚natürliches' Verhalten. Dies spielt an auf die ökonomische ‚Natur' des Arztdaseins. Der ökonomisch orientierte rational-choice-Ansatz würde dieses Verhalten wohl auch für natürlich erklären (allerdings zur Abwendung des Verhaltens Strafe und Strafverfolgung empfehlen): Die Ärzte strebten wie jeder Mensch nach Maximierung von (materiellen) Vorteilen bei Minimierung von Nachteilen. Merkwürdig nur, dass ich zu meinem Bekanntenkreis Ärzte zähle, die dies ganz und gar nicht ‚natürlich' finden und solche Schmiergeldangebote vehement ablehnen würden. In den Augen ihres Verbandsvertreters sind sie wohl ‚unnatürlich'."[70]

Ein Aspekt der Gleichzeitigkeit inkompatibler Rollenmuster wird hier präzise auf den Punkt gebracht. Das Dilemma ist auch bei dem Psychiater und Theologen Lütz zu greifen, der sich klar zu einer gewerblichen Sicht des Arztberufes bekennt:

> „Es ist erfreulich, wenn Ärzte in Krankheiten Defizite sehen, die sie wegzumachen versuchen. Das schätzen wir an ihnen. Wenn sie aus ihrer gewerblichen Sicht der Dinge aber eine Weltanschauung machen, wir ärztliches Gerede menschenverachtend."[71] Nur wenige Seiten weiter schreibt er: „Mit aller Autorität, die mir als Chefarzt zu Gebote steht, erkläre ich den Eltern, dass sie nichts, aber auch gar

---

[69] Grill, Markus (2009): Fernsehauftritt: Ärzte-Lobbyist verteidigt Schmiergeld für Mediziner. Spiegel online. Online verfügbar *unter http://www.spiegel.de,* zuletzt geprüft am 24.05.2010.

[70] Müller, Henning Ernst (2009): Ärzte, die sich von Pharmaunternehmen schmieren lassen: strafbar wegen Bestechlichkeit oder „ganz normales, natürliches Verhalten"? Online verfügbar unter *http://blog.beck.de,* zuletzt geprüft am 24.05.2010.

[71] Lütz, Manfred (2009): Irre – Wir behandeln die Falschen. Unser Problem sind die Normalen. Eine heitere Seelenkunde. Gütersloh, S. 10.

nichts zur Entstehung der Erkrankung beigetragen haben." [72] Die
Autorität, die er hier einsetzt, dürfte ihm schwer aus einer gewerblichen Sicht der Dinge zugewachsen sein. „Gebote", allein das Wort
hätte den Theologen hier nachdenklich machen sollen.

Dem von ökonomischen Faktoren bestimmten Selbstbild des Arztes steht eine Haltung der Ärzteschaft gegenüber, die das traditionelle
Bild vom unfehlbaren Halbgott perpetuiert. Deutlich wird das an der
Diskussion um Behandlungsfehler. Es gibt sie, aber sie werden in den
seltensten – und meist nur schlimmsten – Fällen öffentlich. Anfang
des Jahres 2010 forderte der Patientenbeauftragte Zöller ein anony-
mes Melderegister für Behandlungsfehler. Er argumentiert, dass, die
Fehler und ihre Ursachen nur verringert werden können, wenn sie
bekannt sind. Die Bundesärztekammer wies dieses Ansinnen zurück.
Man benötige keine Zwangsdokumentation, die Aufarbeitung von
Fehlern solle freiwillig erfolgen. Eine andere Berufsgruppe, die Leben in den Händen hält, hat eine Systematik der Fehleraufarbeitung:
die Piloten. Sie arbeiten mit Checklisten, die aus gemeldeten Fehlern
erstellt und überarbeitet werden. Das Selbstbild des Arztes lässt dies
offenbar nur selten zu. So schwankt der moderne Arzt weiter zwischen Unfehlbarkeit und ökonomischem Druck.

Auswirkungen antagonistischer Rollenmuster: Stress

Die idealtypische Darstellung unterschiedlicher Rollenmuster lässt in
der realen Arzt-Patientenbeziehung unendlich viele Nuancen zu.
Ärzte werden in Abhängigkeit von der Person des Patienten und seinen realen Gesundheitsprobleme die Rollen unterschiedlich ausfüllen.
Sie werden die unterschiedlichen Rollen kontextbezogen abrufen,
ohne auf Konsistenz achten zu müssen. Um es mit den Worten des
verstorbenen Präsidenten der Bundesärztekammer, Jörg-Dietrich
Hoppe zu sagen:

---

[72] Lütz, Manfred (2009): Irre – Wir behandeln die Falschen. Unser Problem sind
die Normalen. Eine heitere Seelenkunde. Gütersloh, S. 138.

„Ärztinnen und Ärzte behandeln Individuen und sind deswegen auch individual-ethisch eingestellt; eine alleinige und ausschließliche sozial-ethische Denkweise ist den Angehörigen dieses Berufes und deren Patienten nicht zuzumuten. Hier befinden wir uns derzeit aber auf einem sehr gefährlichen Wege, weil Ärztinnen und Ärzte ihrer eigentlichen Aufgabe, nämlich Heiler, Helfer, Tröster und Berater zu sein statt nur Schadensbeseitiger, kaum noch nachkommen können. Vielmehr müssen sie als Budgeteinhalter, Allokationsjongleure und – zu meinem großen Leidwesen – auch als Geschäftsleute, zum Beispiel bei IGeL, Vertrauen zerstörende oder zumindest gefährdende Verhaltensweisen an den Tag legen."[73]

Ein Beispiel für die Gleichzeitigkeit des Inkompatiblen findet sich im Bericht über den Prozess gegen den Transplantationsmediziner Professor Dr. med. Dr. h.c. mult. Broelsch:»Ich habe mich operativ zerrissen, damit alle rechtzeitig behandelt werden.« Da fährt Oberstaatsanwalt Koch aus der Haut und schleudert Broelsch entgegen: »Sie beschönigen schon wieder.« Was den Staatsanwalt aus der Haut fahren lässt, beschreibt ein Zeuge als „Nötigung": Der Mediziner hat Patienten zu Spenden von 3.500 Euro veranlasst, um rasch eine Termin als Privatpatient zu erhalten. Das Selbstbild des altruistischen Mediziners kontrastiert der Angeklagte auch selbst:

„Ein bezeichnendes Geständnis legte Broelsch freilich schon am zweiten Verhandlungstag ab, als er gestand, jene 150 bis 210 Euro, die ihm Privatpatienten für die Erstkonsultation bezahlen, mitunter nicht versteuert zu haben. Für ihn habe es sich um ‚Minimalgeld' gehandelt. ‚Bei den Summen ist es mir nicht schuldhaft ins Gewissen gestoßen.'"[74]

---

[73] Jörg-Dietrich Hoppe, Rede vom 10.10.2008, gehalten auf dem 1. Kölner Symposion zum Medizinrecht „Das Bild des Arztes im 21. Jahrhundert", online verfügbar *http://www.aekno.de/page.asp?pageID=6469* (15.01.2012).

Aber auch die Patienten haben nicht nur theoretisch, sondern auch praktisch unterschiedliche Formen, die Patientenrolle mit Leben zu füllen. Eine Person, die für sich beansprucht, den Arzt als Berater zu sehen, wird dieses Rollenmuster nach einer dramatischen, gar infausten Prognose vielleicht nicht mehr für sich in Anspruch nehmen.

Die Darstellung oben macht deutlich, dass es kein klares Rollenmuster gibt, sondern mehrere, zum Teil antagonistische Rollenmuster möglich sind. Dies erzeugt Stress, denn nach Koch und Kühn gelangen Personen dadurch in Stress, dass zu ungenau geklärt ist, welche Rechte, Pflichten bzw. Aufgaben (=Rollen) sie in einer Organisation haben.[75] Systemtheoretisch formuliert führt das fehlende Kommunikationsmittel des Teilsystems „Krankheitssystem" dazu, dass es sich der Kommunikationsmittel aus anderen Teilsystemen bedienen muss und in einem realen Gespräch zwischen Arzt und Patient die Kommunikationsformen des Teilsystems Wirtschaft (Geld), Wissenschaft (Wahrheit) und Familie (Caritas) annehmen kann und durch das Springen zwischen den verschiedenen Kommunikationsformen Kommunikation zwischen Arzt und Patient unwahrscheinlich wird, was als Stress empfunden wird. Zu den Besonderheiten dieser Kommunikationssituation gehört es, das ein Arzt die Kommunikationsform für sein Gegenüber adressieren kann, die mit seinem aktuellen Rollenverständnis nichts zu tun hat. So ist es für einen Arzt, der einen Patienten aus finanziellen Motiven zu einer nicht notwendigen Leistung überreden will, geradezu prohibitiv, die reale Kommunikation mit dem Patienten in der Kommunikationsform der Wirtschaft (Geld) zu führen. Er hat die Option, als Exponent der Wissenschaft seinen Wahrheitsanspruch auszuspielen oder in der Kommunikationsform der Liebe seine Sorge um das persönliche Wohl des Patienten zu

---

[74] Burger, Reiner (2009): Knete vorher, nicht hinterher. Der Prozess gegen den „Leberpapst" Christoph Broelsch lässt in manchen Abgrund schauen. In: Frankfurter Allgemeine Sonntagszeitung, 4.10.2009, S. 14.

[75] Koch, Axel; Kühn, Stefan (2000): Ausgepowert. Hilfen bei Burnout, Stress, innerer Kündigung. Offenbach, S. 77.

artikulieren. Es ist hoch plausibel, dass dieses Kommunikationsdilemma als Stress empfunden wird.

Wie sich dieser Stress entladen kann, das zeigen Extrembeispiele aus dem Internetforum „facharzt.de", wo sich Ärzte unter Klarnamen Luft verschaffen. Zugelassen zu dem Forum ist nur, wer nachweist, dass er einen Heilberuf ausübt. Die Klarnamen und Adressen wurden vom Autor überprüft. Hier einige Beispiele:

> „Ich plädiere aus ganzem Herzen dafür, für solches Gesocks die gesetzliche Möglichkeit der retrograden postnatalen Interruptio einzuführen. Auf gut deutsch: rückwirkende Abtreibung." *(Als Antwort auf: Budgetierung des Honorars, gemeint war der SPD- Gesundheitspolitiker Prof. Dr. Karl Lauterbach)*

> „Exempel ist immer gut.
> Ich weiß zwar nicht wer VdK-Hirrlinger ist, aber wenn er den SPD-nahen Wohlfahrtsverbänden angehört, gibt es keine Gnade. Die Frage ist ob Läuterung durch Feuer, Füsilierung oder Steinigung angezeigt ist. Angesichts der Wettersituation wäre Ertränken im Rhein noch im Angebot." *(Als Antwort auf: Sozialverband will „Exempel an Leistungsverweigerern statuieren")*

> „Manchmal wünsche ich mir das mittelalterliche Federn und Teeren und den Pranger zurück." *(Als Antwort auf: Auch wenn das Faustrecht nicht mehr gilt)*[76]

Natürlich ist es eine verschwindende Minderheit der Ärzteschaft, die sich so äußert. Die Autoren der Zeilen tun dies aber unter ihren Klarnamen. Dies tut man nur, wenn man mit Anerkennung, zumindest schweigender Zustimmung im Forum rechnet. Und deshalb sind diese Textstellen mehr als lediglich Übersprungshandlungen verwirrter Einzelpersonen. Adorno und Horkheimer haben auf den Zusammenhang zwischen Madonnenkult und Hexenwahn hingewiesen.[77] Es sei

---

[76] Alle Beispiele wurden gefunden bei *www.facharzt.de.*

[77] Horkheimer, Max; Adorno, Theodor W. (1984): Dialektik der Aufklärung. Philosophische Fragmente. Frankfurt am Main, S. 99f.

hier die Frage gestellt, ob es einen vergleichbaren dialektischen Zusammenhang im Individuum geben kann zwischen der Hybris des „Halbgottes in Weiß" und der oben exemplifizierten Nemesis.

Mit dem paternalistischen Ansatz ist es unvereinbar, den Patienten zur Inanspruchnahme von Leistungen zu überreden, von denen der Arzt einen materiellen Vorteil hat, dem aber kein Nutzen beim Patienten gegenübersteht. In dem Maße, in dem man dem Patienten Souveränität zubilligt, gehört dazu auch, dass er sich dafür entscheiden darf, eine teurere Leistung in Anspruch zu nehmen, die gegebenenfalls auch aus medizinischer Sicht nicht notwendig ist. Ist der Arzt schließlich ausschließlich Maximierer seines Nutzens und der Arztberuf ein Job wie jeder andere, dann ist es auch völlig legitim, dem Kunden Überflüssiges zu verkaufen. Die Grenze beim Arzt besteht lediglich im medizinischen „nihil nocere", dem Eid des Hypokrates. Im Ökonomischen ist er frei, dem Patienten zu schaden, wenn dieser nur damit einverstanden ist.

In der Realität der Gesundheitsversorgung in Deutschland heißt dies aber nicht nur, dass der Arzt mit diesem Rollenverständnis dem Patienten IGeL-Leistungen verkaufen wird, von denen er selbst nicht überzeugt sein muss. Es heißt auch, dass er das Einverständnis des Patienten einholt, z. B. Diagnoseverfahren zu optimieren, die dann zulasten der Krankenkasse abgerechnet werden.

Informationsasymmetrien als Problem partizipativer Entscheidungsfindung

Das überlegene Wissen des Experten prägt noch immer die Kommunikation zwischen Arzt und Patient. Die Informationsasymmetrie ist ein zentrales kommunikatives und distributives Problem, denn nur in einer „vollkommenen, perfekt rationalen Welt mit vollkommener Information und Sicherheit, entspricht die Nachfrage nach medizinischen Leistungen der Nachfrage nach Gesundheit"[78]. Systemtheoretisch formuliert tritt der Arzt dem Patienten als Vertreter des gesellschaftlichen Teilsystems Wissenschaft in der Kommunikationsform der Wahrheit gegenüber.

„Die asymmetrische Informationsverteilung lässt sich als Spezialfall des Principal-Agent-Problems fassen. Es entsteht eine ‚agency-relation' zwischen Arzt und Patient. Je nach Ausprägung des Arzt-Patienten-Verhältnisses, überlässt der Patient (principal), da er seine Nachfrage nicht selbst bestimmen kann, seine Nachfrageentscheidung dem Arzt (agent) in unterschiedlichem Maße. Bei vollständiger Übertragung der Nachfrageentscheidung erwartet der Patient, dass der Arzt in seinem Sinne entscheidet (vollständige Delegation)."[79]

Stepanik spricht sogar davon, dass durch die Informationsasymmetrie „somit insgesamt monopolistische Spielräume für den medizinischen Leistungserbringer entstehen".[80]

In der volkswirtschaftlich ausgerichteten Literatur findet sich die Einschätzung, dass der Patient die ärztliche Handlung nicht einordnen beziehungsweise bewerten kann. „Allerdings nimmt der Patient den daraus resultierenden Gesundheitszustand wahr." [81] Zwei Aspekte sind hier relevant: Zum einen lässt dieses Verständnis auch die Möglichkeit offen, dass sich der Gesundheitszustand des Patienten durch die Intervention des Arztes nicht verbessert, sondern verschlechtert hat. Zum anderen existiert der in der Aussage unterstellte Kausalzusammenhang zwischen ärztlicher Behandlung und Befinden in der Realität aber nicht zwangsläufig. Es besteht die Möglichkeit anderer Zuschreibungen, die für das Verhältnis Arzt-Patient relevant sind:

---

[78] Grossmann, Michael J. (1972): On the Concept of Health Capital and the Demand for Health. In: Journal of Political Economy, Jg. 80, S. 223–255, S. 224.

[79] Kern, Axel Olaf (2009): Arztinduzierte Nachfrage in der ambulanten Versorgung. Bedeutung für eine Privatisierung von Leistungen der Gesetzlichen Krankenversicherung. Online verfügbar unter *http://www.wiwi.uni-augsburg.de,* zuletzt aktualisiert am 13.06.09. S. 10.

[80] Stepanek, Jörg (2008): Reformoptionen im deutschen Gesundheitswesen. Eine ökonomische Analyse. Hamburg, S. 29.

[81] Schneider, Udo (2002): Principal-Agenten-Beziehungen im Gesundheitswesen. In: Burchert, Heiko; Hering, Thomas (Hg.): Gesundheitswirtschaft. Aufgaben und Lösungen; S. 122–131, S. 123.

Der Patient schreibt die Veränderung des Gesundheitszustandes der Leistung des Arztes zu, sie ist aber in Wahrheit nicht darauf zurückzuführen. Beispielsweise können die Selbstheilungskräfte des Körpers eine Besserung bewirkt haben. Oder die Verschlechterung des Gesundheitszustandes ist trotz adäquater Therapie eingetreten, z. B. wegen fehlender Compliance des Patienten.

Der Patient schreibt die Veränderung des Gesundheitszustandes nicht dem Arzt, sondern anderen Faktoren zu, obwohl sie aber tatsächlich auf die Behandlung des Arztes zurückzuführen wäre. Dies kann z. B. der Fall sein, wenn der Patient der Auffassung ist, dass sein Verhalten oder seine gute Grundkonstitution und nicht die Therapie des Arztes für die Verbesserung verantwortlich ist oder die Verschlechterung des Zustandes z. B. bei Krebspatienten wird der Schwere der Krankheit zugeschrieben, obwohl sie tatsächlich auf eine ungeeignete Therapie zurückzuführen ist.[82]

Die kurze Erörterung soll deutlich machen, wie komplex die Realität ist, die sich im Verhältnis Arzt-Patient abspielt. Es macht auch deutlich, wie wenig rational verstehbar dieses Verhältnis ist. Es bedeutet ein hohes Maß an Unsicherheit für alle Beteiligten und damit Stress. Die Delegation von Verantwortung auf den Arzt ist auch Ausdruck der Unsicherheit: „The special economic problems of medical care can be explained as adaption to the existence of uncertainty in the incidence of disease and in the efficiency of treatment."[83]

Ausführlich hat sich Bürger mit der Problematik möglicher Informationsrückstände des Patienten gegenüber dem Arzt auseinandergesetzt. Ihre Klassifikation passt zu dem hier zu behandelnden Thema. Sie unterscheidet zwischen:

---

[82] Ein besonders komplexes Beispiel dafür, wie schwierig die Zuschreibung im Einzelfall ist, ist der sogenannte „Strahlenskandal" am Hamburger Universitätsklinikum Eppendorf (UKE), der die Gerichte acht Jahre beschäftigt hat. Was als Prozess wegen fahrlässiger Tötung begann, endete mit dem Freispruch des Angeklagten. S. dazu: *http://www.strahlenskandal-uke.de/start/start.html.*

[83] Arrow, Kenneth J. (1963): Uncertainty and the Welfare Economics of Medical Care. In: American Economic Review, Jg. 53, S. 941–973, S. 941

Hidden characteristics: der Patient kennt ex ante nicht die für ihn relevanten Eigenschaften des Arztes. Er erfährt diese erst im Laufe der Behandlung und kommt dann gegebenenfalls zum Ergebnis, einen ungeeigneten Arzt oder eine ungeeignete Behandlung gewählt zu haben.[84]

Hidden intention: „Der Arzt nutzt das Abhängigkeitsverhältnis des Patienten opportunistisch aus, indem er z. B. nach Behandlungsbeginn von der vereinbarten Behandlungsqualität abweicht". Dies bezeichnet Bürger als „Hold up".[85] MacGuire et al. halten es sogar für denkbar, dass der Arzt bewusst eine zu schlechte Diagnose stellt, weil er ein ökonomisches Interesse an der Durchführung einer Behandlung hat.[86]

Diese Anreizwirkungen für den Arzt werden noch verstärkt dadurch, dass es Anreize für die Patienten gibt, mehr nachzufragen als medizinisch geboten ist. So geht Felder davon aus, dass Moral Hazard bei geringer oder mittlerer Krankheitsschwere zu einem Wohlfahrtsverlust führt, da die Nachfrage des Versicherten im Vergleich zum sozialen Optimum überhöht ist.[87]

Hidden information: Weil der Patient nicht genügend Kontextinformationen hat, kann er zwar sehen, was der Arzt macht, kann es aber nicht beurteilen.

Hidden action: Der Patient kann die Handlungen des Arztes nicht beobachten.

---

[84] Bürger, Claudia (2003): Patientenorientierte Information und Kommunikation im Gesundheitswesen; S. 71.

[85] Bürger, Claudia (2003): Patientenorientierte Information und Kommunikation im Gesundheitswesen; S. 73.

[86] MacGuire, Alistair; Henderson, John; Mooney, Gavin (1992): The economics of health care. An introductory text. Reprint London, S. 40.

[87] Felder, Stefan (2004): Moral Hazard, Arztvergütung und technischer Fortschritt in der Medizin. Korreferat zum Beitrag von Astrid Selder: „Der Einfluss der Arzthonorierung auf die Anwendung neuer Techniken". In: Vierteljahreshefte zur Wirtschaftsforschung, Jg. 73, H. 4, S. 589–591, S. 589.

Auswirkungen unterschiedlicher Rollenmuster der Ärzte auf Patientenverhalten

Wenn Informationsasymmetrien die Principal-Agent-Beziehung zwischen Patient und Arzt prägen, dann entstehen durch das Bestreben des Principals, diese abzubauen Aufwände in Form von Zeit und oder Geld, weil er sich kundig macht und dazu z. B. Ratgeberliteratur kauft oder im Internet Informationen recherchiert. Diese Aufwände werden in der Literatur als „Messkosten" bezeichnet.[88] Einem Patienten, der seinem Arzt vollständig vertraut, entstehen keine Messkosten, er verlässt sich auf die Aussagen seines Agenten. Die oben dargestellten Rollenmuster der Ärzte erhöhen aus der Sicht des Principals auch die Notwendigkeit, die Messkosten zu erhöhen, denn sieht er in dem Arzt nur den Maximierer seines eigenen Nutzens, wird er großen Aufwand betreiben, sicherzustellen, dass seine Interessen vom Arzt adäquat vertreten werden.

Das Rollenmuster des Arztes als „Halbgott in Weiß" hat also für den Patienten als Agenten den Vorteil, dass es seine Messkosten gering hält. Für Arzt und Patient bietet also dieses Rollenmuster ökonomische Vorteile, zumal der Patient zumindest von den Folgen der Maximierung des finanziellen Nutzens durch die Krankenversicherung weitgehend befreit ist. Wenn der Patient zusätzlicher Diagnostik oder aufwendiger Therapie zustimmt, dann tut er dies in der Erwartung, dass er sich optimiert, mehr tut, was zu seiner Genesung beiträgt. Ob dies wirklich der Fall ist, kann er auf Grund der Informationsasymmetrie nicht beurteilen. Das Rollenbild vom Arzt als „Halbgott in Weiß" entlastet ihn auch von der Frage, ob die angebotene Mehrleistung wirklich das bewirkt, was versprochen wird. Dies ist von erheblicher ökonomischer Relevanz, denn für den Patienten gibt es „zumindest keinen finanziellen Grund […], die Behandlungsempfehlung des Arztes abzulehnen"[89]. In dieser Sicht ist das Rollenbild „Halbgott in Weiß" das optimale Marketinginstrument, um den eigenen Nutzen des

---

[88] Erlei, Mathias; Leschke, Martin; Sauerland, Dirk (1999): Neue Institutionen-ökonomik. Stuttgart, S. 354ff.

Arztes zu optimieren, weil es den Patienten die Legitimation gibt, für sich selbst keine zusätzlichen Messkosten zu verursachen.

An dieser Stelle ist es zweckmäßig zwischen zwei Gruppen von Patienten zu unterscheiden: den Zeitreichen und den Zeitarmen.[90] „Zeitwohlstand" sieht z. B. Dettling insbesondere bei Arbeitslosen, Alten und Hausfrauen ohne Kinder.[91] Menschen, für die Zeit die knappste Ressource ist, werden sehr darauf achten, dass sie von dieser Ressource für Diagnosen oder Therapien nicht mehr aufwenden als sie für unverzichtbar halten. Diese Menschen haben nicht nur einen starken Anreiz, sich gegen ein Übermaß an Diagnostik und Therapie zu wehren, sie haben sogar das Risiko der Unterversorgung, weil sie mit Blick auf die aktuelle Knappheit des Gutes Zeit das Zukunftsgut Gesundheit und die Notwendigkeit, darin zu investieren, zu gering einschätzen. Im Gegensatz dazu haben die „Zeitreichen" keinen Anlass darauf zu achten, ob ein Gut – Zeit –, das sie im Überfluss besitzen, im Übermaß in Anspruch genommen wird. Im Gegenteil: Sie kaufen sich durch Arztbesuche nicht nur Zeitvertreib ein, sie erhalten auch das, was ihnen häufig fehlt: Aufmerksamkeit und Zuwendung.

Es scheint plausibel, dass die unterschiedliche Zugehörigkeit zu der Gruppe der Zeitreichen und Zeitarmen signifikante Auswirkungen auf die Inanspruchnahme von Ärzten hat. Die Unterschiede erscheinen für die Ressourcenallokation im Gesundheitswesen relevant,

---

[89] Stade, Uda (2004): Anreizwirkungen in den Beziehungen zwischen Arzt, Patient und Krankenkasse, S. 142

[90] Zu dem Thema Zeitarmut und die gesellschaftlichen Folgen s. u. a.: Dettling, Warnfried (2000): Diesseits und jenseits der Erwerbsarbeit. In: Kocka, Jürgen; Offe, Claus; Redslob, Beate (Hg.): Geschichte und Zukunft der Arbeit. Konferenz vom 4. bis zum 6. März 1999 des Wissenschaftskollegs zu Berlin. Frankfurt am Main, S. 202–214, insb. S. 209–211. Sowie Pfeiffer, Ulrich (1999): Deutschland – Entwicklungspolitik für ein entwickeltes Land. Hamburg, S. 66–73 sowie S. 316.

[91] Dettling, Warnfried (2000): Diesseits und jenseits der Erwerbsarbeit. In: Kocka, Jürgen; Offe, Claus; Redslob, Beate; Kocka, Jürgen; Offe, Claus; Redslob, Beate (Hg.): Geschichte und Zukunft der Arbeit. Konferenz vom 4. bis zum 6. März 1999 Wissenschaftskollegs zu Berlin. Frankfurt am Main; S. 202–214, S. 209.

zumal Arztbesuche in der Regel auch mit der Verordnung von Arzneimitteln oder anderen Therapieformen oder der Weiterüberweisung enden. Umso überraschender ist es, dass dazu keine relevanten Studien gefunden wurden.

Fazit

Es lässt sich also festhalten, dass in den antagonistischen Rollenmustern von Ärzten, der Informationsasymmetrie zwischen Arzt und Patient sowie den verschiedenen Unsicherheiten des Patienten ein erhebliches Potenzial zur Verbesserung unseres Gesundheitssystems liegt. Dieses zielt vor allem auf eine qualitative Verbesserung, ist aber auch von erheblicher, ökonomischer Relevanz. Partizipative Entscheidungsfindung kann hier einen Beitrag leisten, darf aber nicht als Masterplan zur Lösung vorhandener Probleme überschätzt werden, denn es wird immer Kommunikationssituation zwischen Arzt und Patient geben, die mit „partizipativ" nur unzureichend beschrieben sind. Es lohnt aber, sich intensiver mit dem Thema auseinander zu setzen und sich dabei auf zwei Aspekte zu konzentrieren: Dem Paradigmenwechsel im Arzt-Patienten-Verhältnis vom Paternalismus zum selbstbestimmten Patienten und Der Bedeutung von Information für den Patienten als eine wichtige Voraussetzung für diesen Paradigmenwechsel. Ob man dies mit Skepsis oder Enthusiasmus begleitet, partizipative Entscheidungsfindung wird durch die neuen Kommunikationstechnologien [92] im „Jahrhundert des Patienten" [93] zum Paradigma des Gesundheitswesens.

---

[92] Höflich, Joachim R. et al. (2009): Wozu braucht man noch einen Arzt? Die Veränderung der Arzt-Patienten-Beziehung durch das Internet, in: In: Klusen, Norbert; Fließgarten, Anja; Nebling, Thomas (Hg.): Informiert und selbstbestimmt. Der mündige Bürger als mündiger Patient. Baden-Baden, S. 206– 220.

[93] Gigerenzer, Gerd, Gray, J. A. M. (2011). Launching the Century of the Patient. In Gigerenzer, Gray (Eds.), Better Doctors, Better Patients, Better Decisions: Envisioning Healthcare 2020, Cambridge, MA. Das erste Kapitel ist online verfügbar: *http://www.harding-center.de/veroeffentlichungen/better-doctors-better-patients* (15.01.2012).

Qualitätswettbewerb:
Kulturwandel durch Pay for Performance (P4P)?[1]

Die Qualitätsorientierung im Gesundheitssystem darf nicht nur als Frage der Honorierung oder der rechtlichen Bestimmungen diskutiert werden. Sie ist insbesondere eine Frage der Einstellung, eine Kulturfrage. Allerdings hat die Rechtsordnung und auch die Vergütung eine Bedeutung, um diesen Kulturwandel zu befördern oder zu behindern. Hier kann Pay for Performance (P4P) eine wichtige Rolle spielen, weil es mehr ist als eine Vergütungsform, sondern ein Instrument, den Kulturwandel in Richtung Qualitätsorientierung zu beschleunigen. Die bisher nicht wirklich überzeugenden Erfolge von P4P lassen sich auch darauf zurückzuführen, dass die kulturellen Voraussetzungen für eine Qualitätsorientierung nicht hinreichend berücksichtigt wurden. Dieser Kulturwandel benötigt Zeit und Geduld. Außerdem werden die (zukünftigen) Erkenntnisse der Verhaltensökonomik für den Erfolg von P4P eine wichtige Rolle spielen.

Die Qualität der medizinischen Versorgung der Patientinnen und Patienten hat die amtierende Regierungskoalition gleich im ersten Satz des gesundheitspolitischen Kapitels in den Koalitionsvertrag ins „Zentrum" gestellt. Allein in den ersten 44 Zeilen kommt 19mal das Wort „Qualität" vor. Der Referentenentwurf des GKV-Versorgungsstärkungsgesetz (GKV-VSG) liegt mittlerweile vor und dieser will „die Qualität der Versorgung weiterentwickeln".[2] Der Entwurf reiht sich damit ein in die seit einigen Jahren bestehende Tradition, das

---

[1] Erstveröffentlichung in: IMPLICONplus 10/2014.
[2] Referentenentwurf eines Gesetzes zur Stärkung der Versorgung in der gesetzlichen Krankenversicherung (GKV-Versorgungsstärkungsgesetz – GKV-VSG), 13.10.2014. S. 2 und S. 47.

Qualitätswettbewerb: Kulturwandel durch P4P?

allgemeine Qualitätsgebot des Paragrafen 2 Absatz 1 Satz 2 des Sozialgesetzbuches V[3] zu konkretisieren.[4] An der Entschlossenheit des Gesetzgebers, mit legislativer Wucht die Qualität ins deutsche Gesundheitswesen hinein zu implementieren, dürfte kaum ein Zweifel bestehen. In auffallendem Kontrast dazu stehen die überzeugenden Aktivitäten die Qualität real zu verbessern. Die Publikumszeitungen und Zeitschriften haben die Defizite in der Qualität der Versorgung längst als auflagenträchtigen Hype erkannt. Der „stern" hat in den vergangen fünf Jahren allein acht Beiträge zu Problemen mit Hüft - endoprothesen veröffentlich, nur um im aktuellsten davon einen Medizinrechtler mit dem Satz zu zitieren: „Jeder Toaster, den die Stiftung Warentest unter die Lupe nimmt, wird genauer geprüft". Klinikkeime, zu viele Operation, Pfusch in der Endoprothetik, Tote Babys in den Säuglingsstationen: Gesundheitswesen-Bashing geht immer, hat aber nur zu oft traurige Berechtigung.

Es geht also um die Frage, wie bekommt man die Qualität im Gesundheitswesen raus aus den Schlagzeilen und rein in die Versorgung. Es ist wenig plausibel, dass hier Paragrafen der entscheidende Treiber zu mehr Qualität sind. Der Steuerbarkeit des Gesundheitswe-

---

[3] Qualität und Wirksamkeit der Leistungen haben dem allgemein anerkannten Stand der medizinischen Erkenntnisse zu entsprechen und den medizinischen Fortschritt zu berücksichtigen.

[4] Insbesondere in Paragrafen, die neben der Nummer auch einen Buchstaben haben, also nachträglich eingefügt wurden, finden sich häufig rechtliche Forderungen nach Qualität bzw. Qualitätssicherung. Spitzenreiter ist § 25a SGB V zu organisierten Qualitätssicherungsprogrammen, in dem diese Begriffe zusammen achtmal auftauchen. Geht es nach der Häufigkeit von Hinweisen auf das Qualitätserfordernis in Paragrafen, muss man sich auch um die Qualität von Arznei- und Heilmittelvereinbarungen (§ 84 SGB V) wenig Sorgen machen. Mahnt der Gesetzgeber doch hier nicht nur zweimal Qualität an und fordert auch noch den qualitätsgesicherten Einsatz innovativer Arzneimittel, er kümmert sich auch um die Versorgungsqualität, Qualitätszuschläge, Qualitätsmerkmale, Qualitätsstandards und Qualitätsanforderungen. Wenig überraschend ist, dass sich die häufigsten Forderungen nach Qualität in den 18 Paragrafen des neunten Abschnitts des SGB V finden „Qualität der Leistungserbringung".

sens über Paragrafen, sind auf Grund der Komplexität des Systems ohnehin enge Grenzen gesetzt.[5]

Was ist Qualität?

Qualität wird im Gesundheitswesen traditionell durch die Definition von Donabedian geprägt[6], der diese in Struktur-, Prozess- und Ergebnisqualität differenziert. Die Struktur- und Prozessqualität bezieht sich auf die Behandlungsdurchführung, während die Ergebnisqualität sich auf das medizinische Outcome bezieht.[7] In der traditionellen Definition bleiben ökonomische Effizienzaspekte außen vor. In dem hier zu Grunde liegenden Qualitätsverständnis ist er aber relevant. Gute Qualität ist nicht Selbstzweck, sondern es muss die Frage gestellt werden, ob die erreichte Qualität die eingesetzten Mittel rechtfertigt. In der Gesetzlichen Krankenversicherung in Deutschland ist das Wirtschaftlichkeitsgebot des § 12 SGB V hier die Konkretisierung des Effizienzgrundsatzes. Auch Ergebnisqualität wird im SGB V an mehreren Stellen ausdrücklich gefordert.[8]

Was ist P4P?

In dem „Performance"-Gedanken ist also die Aufwand-Nutzen-Relation zu berücksichtigen und somit Prozess und Ergebnis zusammen gedacht.

---

[5]   Meusch, Andreas: Moral Hazard in der gesetzlichen Krankenversicherung in politikwissenschaftlicher Perspektive, in: Klusen/Meusch: Beiträge zum Gesundheitsmanagement Bd. 33, Baden Baden, 2011

[6]   Donabedian, Avedis: The Definition of Quality and Approaches to its Assessment, Explorations in Quality Assessment and Monitoring. Bd. 1, Health Administration Press, 1980

[7]   Emmert, Martin: Pay-for-Performance im Gesundheitswesen – Ansatz zur Verbesserung der Gesundheitsversorgung, in:Schriften zur Gesundheitsökonomie Bd. 14, Norderstedt, 2008, S.15

[8]   § 134a Abs. 1a SGB V (Hebammenhilfe), 135a Abs. 2a SGB V (Verpflichtung zur Qualitätssicherung), § 137 Abs. 1 und 1c SGB V(Richtlinien und Beschlüsse zur Qualitätssicherung)

P4P geht dann aber noch weiter: Auch bei der Bezahlung der Leistungserbringer soll die Performance eine Rolle spielen. Das ist die doppelte Provokation von P4P: Medizin hat eine wirtschaftliche Dimension, ihre Qualität lässt sich messen und in Geld übersetzen. Natürlich haben Ärzte zu allen Zeiten Geld für ihre Arbeit bekommen, also wurde schon immer medizinische Leistung in Geld übersetzt. Das qualitativ Neue ist, dass auch Nichtmediziner systematisch in diese Fragen einbezogen werden. Es geht also darum, die Rolle des Patienten zu stärken, seine Wahrnehmung im Behandlungsprozess mehr zu berücksichtigen und so das Definitionsmonopol der Ärzte in Frage zu stellen.

Die Fokussierung auf Ergebnisqualität im P4P Ansatz, birgt das Risiko, den komplexen Prozess der Heilung und die Vielen, die daran beteiligt sind, nicht ausreichend abzubilden. In der angelsächsischen Literatur findet sich deshalb der Begriff, „Contracting for outcomes", der den Prozess und die Vielen, die daran beteiligt sind, wieder stärker in den Blick bekommen will.[9] Da dieser Gedanke in dem P4P Konzept bereits vorhanden ist, soll in diesem Aufsatz P4P so verwendet werden, dass er dieses umschließt.

P4P wird häufig mit den Begriffen der „Leistungsorientierten Vergütung" oder der „Qualitätsorientierten Vergütung" vermischt. Diese beiden Begriffe betonen relevante Aspekte von P4P. Das Gesamtkonzept ist aber umfassender, insbesondere durch die Betonung der aktiven Rolle der Patienten und der Transparenzforderungen. Die „Leistungsorientierte Vergütung" spiegelt außerdem nicht deutlich genug den Qualitätsbezug wieder, während der Begriff der „Performance" sehr viel eher mit der tatsächlich geleisteten Qualität und ihrem Ergebnis verbunden ist. Den Begriff der „Qualitätsorientierten Vergütung" spiegelt nicht ausreichend den Effizienz Gedanken wieder.[10]

---

9 Contracting for Outcomes, *http://www.outcomesbasedhealthcare.com*, Technical paper vom 14. Juli 2014.

10 Veit, Christof et al.: Pay-for-Performance im Gesundheitswesen: Sachstandsbericht zu Evidenz und Realisierung sowie Darlegung der Grundlagen für eine künftige Weiterentwicklung, BQS-Institut 2012,S. A 17/51.

P4P ist also ein komplexes System[11] mit Feedbackschleifen, die sich wechselseitig verstärken. Es soll finanzieller Druck ausgeübt werden, schlechte Performance zu verringern, gute Performance attraktiv zu machen und so die Qualität insgesamt zu verbessern.

In Deutschland wurde 1977 mit der Umstellung von der ausgaben-bezogenen Einnahmepolitik auf die einnahmebezogene Ausgabenpo-litik durch das erste Kostendämpfungsgesetz die Definitionsmacht der Ärzte bei Vergütungsfragen durch das Gesetz beschnitten und eine gemeinsame Verantwortung von Ärzten und Krankenkassen für die Weiterentwicklung der Vergütung im engeren gesetzlichen Rah-men etabliert. Vergütungsmodelle wie z. B. Bonus-Malus Zahlun-gen[12] sind die Operationalisierung dieser Weichenstellung.

Jetzt geht das Konzept von P4P noch einen Schritt weiter und will auch die Patienten, zumindest mittelbar berücksichtigen bei der Fra-ge, welcher Arzt bekommt wofür wie viel Geld.

Durch P4P sollen aber nicht nur die Ökonomen an Einfluss auf die gesundheitspolitische Diskussion gewinnen, die ganze Bevölkerung soll in die Lage versetzt werden, mitzureden. Transparenz über rele-vante Faktoren des Medizinbetriebs in Form von Public Reporting[13] und die subjektive Meinung der Patienten, z. B. durch Patientenzu-friedenheits-Indikatoren (englisch: Patient Reported Outcomes, PRO) sowie Transparenz über die Qualität von Gesundheitsdienstleistern (Public Disclosure) sollen nicht nur breit zugänglich sein, sondern auch bei der Vergütung der Ärzte eine Rolle spielen. Entscheidend ist aber, dass Public Reporting und Public Disclosure eine eigene Säule des Konzeptes sind, die die Patienten in die Lage versetzen sollen,

---

[11] Weiterführende Literatur zu diesem Thema s. Meusch, Andreas: Moral Hazard in der gesetzlichen Krankenversicherung in politikwissenschaftlicher Perspek-tive, Baden Baden 2011: S. 402–406.

[12] Veit, Christof et al.: Pay-for-Performance im Gesundheitswesen: Sachstands-bericht zu Evidenz und Realisierung sowie Darlegung der Grundlagen für eine künftige Weiterentwicklung, BQS-Institut 2012, S. A32/51.

[13] Emmert, Martin: Pay-for-Performance im Gesundheitswesen- Ansatz zur Verbesserung der Gesundheitsversorgung, in:Schriften zur Gesundheitsöko-nomie Bd. 14, Norderstedt, 2008, S.124–160 und S. 259–336.

über die Auswahl von Therapie und Therapeut mitzuentscheiden. Diese zweite Säule ist konstitutiv für das P4P Konzept und beschreibt den Transmissionsriemen, der vom Umschlagen eines Preiswettbewerbs zu einem Qualitätswettbewerb führen soll.[14]

P4P ist ein Werkzeug, um den Qualitätswettbewerb voranzubringen:

- „Patienten informieren sich und wählen Leistungsanbieter, die bessere Qualität bieten als der Durchschnitt,
- Leistungsanbieter mit besseren Leistungen werden besser bezahlt,
- die high quality Anbieter werden durch die Zuweiser bevorzugt,
- die Leistungsanbieter fühlen sich durch die Ergebnisse der Veröffentlichung von Qualitätsdaten in ihrer Reputation bedroht und reagieren entsprechend durch die Verstärkung von Qualitätsverbesserungsmaßnahmen und
- die Verantwortlichkeit (accountability) der Stakeholder nimmt zu, somit auch das Vertrauen der Beteiligten in das Gesundheitssystem."[15]

P4P hat also einen ganzheitlichen Ansatz und zielt darauf, bestehende Fehlanreize so zu verbessern, dass Patienten, Ärzte und auch Krankenkassen perspektivisch profitieren. Das Konzept geht davon aus, dass der Preiswettbewerb allein dazu führt, dass alle Beteiligten verlieren: Die Leistungserbringer, weil sie schlecht verdienen, die Patienten, weil sie schlechte Qualität erhalten und die Krankenkassen, weil sie perspektivisch für die Folgen der Qualitätsdefizite aufkommen müssen.

Was bisher geschah

Der Ursprung von P4P hat zwei historische Wurzeln. Die erste soll in China liegen. Dort sollen die Ärzte nicht für die Behandlung der Krankheit bezahlt worden sein, sondern für den Erhalt der Gesund-

---

[14] Amelung, Volker; Zahn, Thomas; Studie, Pay-for-Performanve (P4P)- Der Business Case für Qualität?, Berlin, 2009, S.7. *http://www.inav-berlin.de/ images/PDFs/p4p_der_business_case_fuer_qualitaet_studie_2009.pdf.*

[15] Schrappe, Matthias: Qualitätswettbewerb, Vorlesung vom 18.4.2009.

heit.[16] Man erhoffte sich davon, Effektivität und Effizienz im Gesundheitswesen zu steigern. So soll eine Ergebnisorientierung zur eigentlichen Zweckbestimmung des Gesundheitswesens führen, nämlich Gesundheit zu produzieren. Während diese Quelle nicht historisch verbürgt ist, finden wir im mesopotamischen Codex Hammurabi aus dem 18. vorchristlichen Jahrhundert Vorschriften für rigide Bonus-Malus- Regeln: Erhält der Arzt bei der Behandlung eines Katarakts das Auge, erhält er 10 Shekel Silber, zerstört er das Auge, soll seine Hand abgeschnitten werden.[17]

Dies macht schon deutlich, dass es wohl gute Gründe geben kann, sich von dieser zunächst so bestechenden Idee wieder abzuwenden. Für Ärzte wie für Patienten gibt es systematische Gründe gegen eine solche Vergütung:

– Die Selbstheilungskräfte des Patienten sind stark. Ob die Genesung trotz oder wegen der Intervention des Arztes erfolgt, ist auch heute selten kausal zu entscheiden.

– Andererseits ist es auch für einen Arzt wenig attraktiv, in einem solchen System zu arbeiten, weil sie damit auch für das finanziell einstehen muss, was Genetik, der einzelne Mensch, sein Umfeld und die Umwelt alles so bewirken. Wer also will, dass künftig noch Ärzte bereit sind, an der Gesundheitsversorgung teilzunehmen, dem sei angeraten, das Konzept der P4P nicht zu überdehnen, sondern auf das zu Fokussieren, was der Arzt durch sein Handeln auch beeinflussen kann. Das heraus zu präparieren aus dem häufig komplexen und multikausalen Krankheitsgeschehen, beschreibt eines der Kernprobleme von P4P.

Warum hat man sich in den 1990er Jahren des letzten Jahrhunderts dem Thema wieder verstärkt zugewandt? Sechs Aspekte kommen hier zusammen:

---

[16] Breyer, Friedrich; Zweifel, Peter; Kifmann, Mathias: Gesundheitsökonomik, 5. Auflage, Berlin, Heidelberg, New York, 2005, S. 418.
[17] Fangerau, Heiner, Vögele, Jörg: Geschichte, Theorie und Ethik der Medizin: Unterrichtsskript für die Heinrich-Heine-Universität, Düsseldorf, 2005, S. 11.

- Der gesellschaftliche Megatrend der Ökonomisierung aller Lebensbereiche macht auch vor dem Gesundheitswesen nicht halt. Nachdem die Soziologen in den 1970er Jahren des letzten Jahrhunderts ihre gesellschaftliche Deutungsmacht eingebüßt haben, sind aktuell die Ökonomen die wirkmächtigsten Spindoctors der westlichen Gesellschaften.
- Die Grenzen der finanziellen Leistungsfähigkeit des Gesundheitssystems verstärkten diesen Trend.
- Die Verfügbarkeit und Auswertbarkeit von Daten wird durch die Entwicklung in der EDV deutlich verbessert. Um in multifaktoriellen und komplexen Krankheitsverläufen Outcomes dem ärztlichen Handeln zuordnen zu können, bedarf es komplexer Logarithmen und aufwendiger Datenanalysen. Benchmarking, Matched-Pair-Verfahren oder prospektive Verfahren wie Predictive Modelling machen konzeptionellen und intellektuellen Aufwand und brauchen viel Rechnerkapazität.
- Die Kostendämpfungsbemühungen sind entweder gescheitert oder kommen an ihre Grenzen.

  • In den USA wird trotz der erheblichen Eigenbeteiligung der Versicherten z.B. bei Arzneimitteln[18] für 2015 befürchtet, dass der Anteil der Ausgaben im Gesundheitssektor 2015 auf 20 Prozent steigen könnte.[19] Eine kalifornische Qualitätsverbesserungsinitiative galt deshalb lange als „largest und most ambitious yet in the ‚pay for performance movement'".[20] In-

---

[18] Emmert, Martin: Pay-for-Performance im Gesundheitswesen- Ansatz zur Verbesserung der Gesundheitsversorgung, in: Schriften zur Gesundheitsökonomie Bd. 14, Norderstedt, 2008, S. 22 f.

[19] Tigges, Claus: Amerika: Ein Sechstel der Wirtschaftskraft für die Gesundheit, in: FAZ vom 29.06.2006.

[20] Landro, Laura: To get doctors to the better. Health Plans try Cash Bonus, in Wall Street Journal, 17.09.2004.

zwischen bestehen aber Zweifel, ob P4P dort der richtige Ansatz ist, um die Ergebnisse für Patienten zu verbessern.[21]

- In Großbritannien kam es nach der Phase der Kostenkontrolle und der Privatisierungsbestrebungen in der Ära Thatcher, in der Ära Blair zu Investitionsprogrammen mit Qualitätsanstrengungen.[22] 2004 wurde dort das weltweit größte P4P Programm gestartet „Quality and Outcomes Framework", in dem ein Viertel des Einkommens vom „Familydoctors" von der Einhaltung definierter Qualitätsparameter abhängig gemacht wurde. Relevante P4P Element wurden inzwischen revidiert, so wurden organisatorische Indikatoren zum Teil durch Indikatoren wie, Rauchen oder Übergewicht ersetzt. Außerdem wurde der Anteil der P4P Elemente am Einkommen bei den „family practitioners" um ein Drittel gekürzt.[23]

- Und in Deutschland gilt seit dem ersten Kostendämpfungsgesetz aus dem Jahre 1977 die einnahmebezogene Ausgabenpolitik, die durch eine permanente Debatte über Effektivität und Effizienz im Gesundheitswesen begleitet wird. In diesem Kontext taucht das Thema Ergebnisorientierung Mitte der 1990er des vergangenen Jahrhunderts auf, u.a. im Sondergutachten des Sachverständigenrats für die Konzertierte Aktion im Gesundheitswesen, im Jahr 1995.[24]

---

[21] Ryan, Andrew M., Werner, Rachel M.: Doubts about Pay-For-Performance in Health Care, in: HBR, 09.10.2013, HRB Blog Network, *http://blogs.org/2013/10/daubts-about-pay-for-performance-in-health-care/.*

[22] Emmert, Martin: Pay-for-Performance im Gesundheitswesen- Ansatz zur Verbesserung der Gesundheitsversorgung, in: Schriften zur Gesundheitsökonomie Bd. 14, Norderstedt, 2008, S. 37 f.

[23] Roland, Martin; Campbell, Stephen: Successes and Failures of Pay for Performance in the United Kingdom, in NEJM 370.20, 15.05.2014, S. 1944–1949

[24] Sachverständigenrat für Konzertierte Aktionen im Gesundheitswesen (Sondergutachten 1995), Gesundheitsversorgung und Krankenversicherung 2000, Mehr Ergebnisorientierung, mehr Qualität und mehr Wirtschaftlichkeit, Kurzfassung, Baden-Baden, 1995.

– Außerdem ist eine Veränderung im Rollenverständnis der Ärzte zu sehen, die heute nicht mehr nur bzw. immer weniger als die Heilkunst praktizierenden Halbgötter in Weiß gesehen werden, sondern auch und das immer mehr als Anwender empirischer Erkenntnisse. Auch wenn zum Arzt noch immer die Aura des Schamanen gehört: Medizin ist inzwischen ohne Umsetzung empirischer und nicht nur kasuistischer Erkenntnisse nicht mehr *lege artis*. Allerdings ist bei sehr vielen Ärzten dieser sozialwissenschaftlich/empirische Anteil in ihrem Beruf noch nicht Teil des Selbstverständnisses.[25]

– Schließlich verändern sich auch die Rollen und das Selbstverständnis von Patienten, die zunehmend nicht nur Leidende sein wollen, sondern als mündige Patienten zumindest mitentscheiden wollen. Einem potentiellen Patienten stehen zur Beurteilung der Leistungsqualität und –fähigkeit eines Arztes aber kaum Ergebnisgrößen zur Verfügung. Durch eine stärkere Fokussierung auf das Ergebnis der Behandlung erhält der Patient mehr Gewicht.

Zwischenfazit: Kultur ist mindestens so wichtig wie Geld

It's culture, stupid: Das kann als ein erstes Kernproblem bei der Implementierung von P4P nach diesem Parforceritt durch die Kulturgeschichte dieser Vergütungsform festgehalten werden: In den angelsächsischen Ländern setzt man auf Programme, in Deutschland auf Paragrafen und Bedenken: So warnt der Gesundheitsökonom und Versorgungsforscher Prof. Stefan Greß bei einer Anhörung im Gesundheitsausschuss des Deutschen Bundestages vor P4P[26] und der Verband der Christlichen Krankenhäuser in Deutschland (CKiD) tut

---

[25] Meusch, Andreas: Moral Hazard in der gesetzlichen Krankenversicherung in politikwissenschaftlicher Perspektive, Baden Baden, 2011, S. 159–176.

[26] Anhörung zum GKV-Finanzstruktur- und Qualitäts-Weiterentwicklungsgesetz (GKV-FQWG), in: Report zu dem Termin im Management Informationssystem Gesundheitspolitik des LetV-Verlages, Berlin, 21.05.2014.

ein Gleiches.[27] Der Präsident der Bundesärztekammer, Ulrich Montgomery weist darauf hin, dass Erfolg in der Automobilbranche nun einmal einfacher zu messen sei „als in der hochkomplexen Medizin"[28] und der Vorstandsvorsitzende der Kassenärztlichen Bundesvereinigung Andreas Gassen tut sich mit P4P schwer, ohne es abzulehnen, weil der Chef der niedergelassenen (sic!) Ärzteschaft fürchtet, dass die Qualität der Zimmer, des Essens und das Vorhandensein von Kabelfernsehen und WLAN im Vordergrund der Performancemessung stehen würden.[29]

„Falsche Anreize durch Pay for Performance?" fragt die Ärzte Zeitung[30] und zitiert Professor Schrappe auf einer Qualitätssicherungskonferenz des Gemeinsamen Bundesausschusses (GBA), der darauf hinwies, dass eine Orientierung der Vergütung an der erbrachten Qualität negative Anreize setzen könne. Was ist aber mit den 28 Studien, die Schrappe noch 2009 analysiert hatte und von denen 21 positive Effekte und nur vier ein negatives Ergebnis hatten[31]?

Natürlich ist es richtig, dass P4P nicht nur Vorteile hat, sondern auch strategieanfällig ist[32], wie jede andere Incentivierung. Haben Einzelleistungsvergütung und Pauschalen keine negativen Anreize? Die Hühner picken in jeder Lebenslage dort, wo die Körner liegen, nicht nur im Gesundheitswesen. Natürlich muss man Matthias Schrappe zustimmen:[33]

---

[27] Gesundheit und Gesellschaft: Ohne Evaluation kein Pay for Performance, 17. Jahrgang, 9/2014, S. 13.

[28] Quadbeck, Eva; Montgomery, Ulrich: Interview: Die Rheinische Post: „Ärzte sollen weniger über Geld reden", 27.05.2014.

[29] Flintrop, Jens; Maibach-Nagel, Egbert; Montgomery, Ulrich; Gassen, Andreas: Interview: Deutsche Ärzteblatt: „Wir haben hochmotivierte Ärzte", 04.08.2014.

[30] Ärzte Zeitung online: Falsche Anreize durch Pay for Performance, 23.09.2014

[31] Schrappe, Matthias: Qualitätswettbewerb, Vorlesung vom 18.4.2009

[32] Eijkenaar, Frank. et al: Effects of pay for performance in health care: A systematic review of systematic reviews, in: Health Policy, 2013, 110(2), S. 115–130.

- „Gaming: Datenmanipulation,
- Early Discharge: Reduktion von Letalität und Komplikationen durch frühe Entlassung,
- Avoidance[34]: Risikoselektion,
- Outsourcing: Verlegung von Hochrisikopatienten,
- Defensive Medicine: Unterlassung riskanter, aber indizierter Behandlungsmethoden,
- Withdrawal: Reduktion der Behandlungen
- Tunnel Vision: Konzentration auf die für die Berichterstattung relevanten Bereiche unter Zurückstellung anderer qualitätsrelevanter Bereiche".

Die erzielten Ergebnisse bei der Einführung von P4P in England sprechen dafür, diese Aspekte ernst zu nehmen.[35] Auch wenn die dort erzielten Ergebnisse nicht überzeugend sind, sollte dies nicht dazu führen, P4P ad acta zu legen. Es spricht aber viel dafür, P4P nicht als Vergütungsform einzuführen ohne die kulturellen Voraussetzungen mit zu berücksichtigen. Wenn die Qualitätsorientierung im Gesundheitswesen durchgesetzt werden soll – unabhängig von der Frage von P4P muss Forschungsaufwand betreiben werden und Anstrengungen unternommen werden, die Rollenmuster und die Verhaltensweisen entsprechend auszurichten. Es ist notwendig, Qualitätsorientierung im

---

[33] Schrappe, Matthias: Qualitätswettbewerb, in: Lauterbach, Karl W., Lüngen, Markus, Schrappe, Matthias: Gesundheitsökonomie, Management und Evidence-based medicine. Handbuch für Praxis, Politik und Studium, Stuttgart 2010, S. 349–355, S. 352.

[34] In der Literatur auch häufig unter „Cherry-Picking zu finden.

[35] Es kam zu kurzfristigen Qualitätsverbesserungen bei zwei von drei chronischen Erkrankungsarten. Die Qualität von Behandlungsmerkmalen, die nicht mit materiellen Leistungsanreizen assoziiert waren, sank bei zwei Erkrankungsarten ab. Campbell, Stephen M. et al.: Effects of pay for performance on the quality of primary care in England, in: New England Journal of Medicine 2009 Jul23; S. 361–368; zit. nach *http:www.medknowledge.de/abstract/med/med2009/09-2009-43-p4p.htm*; s. auch: Campbell, Stephen M. et al.: Implementing P4P in Australian primary care: lessons from the Unites Kingdom and the United States, in: Medical Journal of Australia, 2010, 198(7), S. 408–411.

Gesundheitswesen als soziale Innovation zu begreifen[36], anders formuliert: „Der wichtigste Vorteil von P4P liegt aber darin begründet, dass es die Entscheider dazu zwingt, über Ziele zu sprechen und diese zu quantifizieren. Was ist wichtig? Was ist erreichbar? Wie können wir es erreichen? „Ein Gesundheitswesen, das darauf aufbaut, dass die Akteure sich in einem partizipativen Prozess gemeinsam mit diesen Fragen auseinandersetzen, befindet sich auf einem richtigen und nachhaltigen Weg".[37]

Forschungsarbeit wird notwendig sein, um die Wechselwirkung der verschiedenen Aspekte von P4P zu erforschen. Es wird hier die These vertreten, dass Fokussierung auf die extrinsischen Elemente und hier besonders auf die Vergütungsaspekte eine Ursache für die nicht immer überzeugenden Ergebnisse von P4P Konzepten ist. Kommt es durch die Überbetonung der extrinsischen Elemente zu dysfunktionalen Effekten, weil sie nicht kompatibel sind mit den intrinsischen Motivationen und den Reputationserwartungen? Welche Rolle spielen Gerechtigkeitsüberlegungen, die bei dem ethisch stark geprägten Arztberuf nicht vernachlässigt werden dürfen? Gibt es Framing Effekte? Spannende Fragen, auf die die Autoren keine Antwort gefunden haben. Es spricht aber sehr viel dafür die Erkenntnisse der Verhaltensökonomik stärker bei der Konzeption von P4P Projekten zu beachten, liefert sie doch relevante Hinweise darauf, dass materielle Anreize nicht unbedingt die gewünschte Wirkung entfalten.[38]

Es gibt empirische Beispiele dafür, dass Verdrängungseffekte zwischen intrinsischer und extrinsischer Motivation, d.h. exogene Kon-

---

[36] Kanitz, Ronja; Hentschel, Cornelia; Meusch, Andreas: Was hat der Patient vom Innovationswettbewerb zwischen Krankenkassen? Die Bedeutung von sozialen Innovationen für die Selektivvertragsarbeit von Krankenkassen, in: Welt der Krankenversicherung, medhochzwei Verlag GmbH, Heidelberg, 4/ 2014, S. 83–86.

[37] Amelung, Volker et al.: Pay-for-Performance: Märchen oder Chance einer qualitätsorientierten Vergütung? in: Gesundheit und Gesellschaft Wissenschaft, 13. Jahrgang, 2013, Heft 2 (April), S. 7–15, S.14.

[38] Gneezy, Uri; Rustichini, Aldo: A Fine is a Price, in: Journal of Legal Studies, Chicago, Ill : Univ. of Chicago Press, 2000, Vol. 29, S. 1–18.

troll- und Strafinstrumente sich durchaus negativ auf eine bestehende (sozial vermittelte) Bereitschaft zu einem bestimmten Verhalten auswirken können.[39]

Wie geht es weiter?

Es fällt auf, dass aktuell in Deutschland die skeptischen Stimmen zu P4P an Relevanz gewinnen. Wo sind deren Ursachen? – Denn ein Beispiel für ein P4P Projekt, das wirklich zu relevanten Problemen geführt hätte, kann es schon deshalb in Deutschland nicht geben, weil es bislang nur wenige Vorhaben dazu gab, die wohl kaum eine solche Ablehnungsfront verursachen können.

In Ermangelung von harten Gründen für die skeptischere Haltung gegenüber P4P in Deutschland sind wir auf Hypothesen angewiesen. Die erste dazu ist in diesem Aufsatz formuliert, nämlich die Notwendigkeit eines Kulturwandels, der jedoch Angst macht. Die Vielzahl von skeptischen Äußerungen zu einem Thema, das in der Versorgungsrealität in Deutschland noch gar nicht angekommen ist, lässt aber aufhorchen. The winds of change are blowing hard in the P4P direction.

Haben die Autoren der skeptischen Äußerungen ein feines Gespür dafür, dass die Politik trotz der vielen Paragrafen, in denen das Wort Qualität vorkommt nicht wirklich am Qualitätswettbewerb interessiert ist? So kann man es sehen, wenn man weiß, wie Gesundheitspolitiker von Ulla Schmidt über Daniel Bahr bis zu Jens Spahn im Zweifel auf den Preiswettbewerb und eben nicht auf den Qualitätswettbewerb setzen. Und man kann auch mit guten Gründen argumentieren, das vorhandene Ansätze für einen Qualitätswettbewerb durch das Bundesversicherungsamt kaputtadministriert werden. Das AQUA Institut will selbst auf einem Symposion von Qualitätskliniken.de

---

[39] Beispiel Steuerzahlung, s.: Döring, Thomas: Staatsfinanzierung und Verhaltensökonomik – Zur Psychologie der Besteuerung (und Verschuldung) Erkenntnisstand und finanzpolitische Implikationen, sofia-Studien 13-1, Darmstadt, 2013, S. 53; *http://www.sofia-darmstadt.de/fileadmin/Dokumente/Studie n/2013/Netzversion_Staatsfinanzierung_Verhaltensoekonomik_2013-07-03.pdf.*

zum Thema P4P und im Grundsatzpapier des GKV-Spitzenverbandes[40] „eher rückwärtsgewandte Positionen gefunden haben.
Und selbst ein Befürworter von P4P wie Georg Rüther vom Zweck-
verband freigemeinnütziger Krankenhäuser Münster und Ostwestfa-
len sieht die „Umsetzung noch in weiter Ferne".[41] The winds of roll
back are blowing hard in the P4P direction.

Ist es also Anlass, den Untergang des qualitätsorientierten Abendlan-
des zu verkünden? Sind die Vielzahl von Qualitätsvorschriften im
SGB V nichts weiter als die Blumen auf dem Sarg der Qualitätsorientierung der Versorgung bei einer Beerdigung zweiter Klasse?

Ein klares NEIN! Vier Gründe:

–   Menschen reagieren nun einmal auf Anreize. Geld und Anerken-
    nung sind im Berufsleben die wichtigsten Anreize. Incentivieren
    kann man Menge oder Qualität. Im Moment wird Menge mehr ge-
    fördert als Qualität. Das können wir uns aus wirtschaftlichen wie
    humanitären Gründen nicht leisten. Zur Incentivierung von Quali-
    tät durch monetäre wie nicht monetäre Anreize gibt es also keine
    Alternative. P4P ist aktuell das beste dazu verfügbare Konzept.
    Wir freuen uns darauf, wenn uns jemand ein besseres zeigt.

–   Im vorliegenden Referentenentwurf zum GKV-VSG steuert die
    Bundesregierung deutlich um von der präventiven Kontrolle von
    Versorgungsverträgen zu einer nachgelagerten Kontrolle. Jens
    Spahn rät den Ärzten zu mehr Gelassenheit. Sie sollten nicht je-
    den politischen Vorschlag als Vorwurf begreifen und nennt hier

---

[40] Gemeint ist vermutlich das Positionspapier des GKV-Spitzenverbandes „Qua-
      litätsorientierte Versorgungssteuerung und Vergütung, das zum Zeitpunkt des
      Zitates noch gar nicht offiziell verabschiedet war. Allerdings heißt es in einer
      Ergebnisniederschrift des Fachbeirats des GKV-Spitzenverbandes vom
      18.06.2014 auf S. 7 zu der P4P Debatte: „Jetzt, da es ‚ernst' wird, werden kas-
      senseitig erhebliche Bedenken geäußert...."
[41] Ärzteblatt.de vom 08.10.2014: Ein Pro und Contra zu Pay for Performance;
      http://www.aerzteblatt.de/nachrichten/60332/Ein Pro und Contra zu Pay-for-
      Performance.

ausdrücklich die Qualitätsdebatte.[42] Das sind klare Signale, die Verantwortlichen im Gesundheitswesen sollten verantwortlich damit umgehen. Vielleicht gelingt es Deutschland mit dem neu gegründeten Qualitätsinstitut einen eigenen Weg zu finden, wie man zur Qualitätsorientierung im Gesundheitswesen kommt. Bismarck hat es schon einmal erfolgreich gezeigt, dass Reformen von oben sich zu einem Erfolgsmodell entwickeln können.

– Es gibt eine Vielzahl von Akteuren in allen relevanten Organisationen im Gesundheitswesen, die aus Überzeugung für einen Qualitätswettbewerb eintreten und auch wollen, dass sich Qualität wirtschaftlich lohnt.

– Qualität ist ein komplexes Problem, bei dem es nicht reicht, es als ein medizinisches, juristisches und ökonomisches zu betrachten. Es ist insbesondere auch ein Problem, das einen Kulturwandel voraussetzt. Dieser ist weder über Paragrafen noch über finanzielle Anreize allein zu bewirken, wohl aber dadurch, dass man miteinander redet. Dies Bedarf eines langen Atems und ist ein Generationenprojekt. Es gibt aber Beispiele dafür, wie so eine stille Revolution in den Köpfen stattfindet. P4P ist ein wichtiger Teil des miteinander Sprechens.

Fazit: Die Hürden für Qualitätsorientierung und P4P in Deutschland sind höher als in anderen Ländern. Neben den zahlreichen kulturellen Hürden im Miteinander und objektiven Problemen bei der Definition von Qualitätszielen, fehlt hier eine Kultur des „Trial and Error", die in angelsächsischen Ländern hilft, Neues zu etablieren. Das weitgehend korporatistische System mit seiner starken Fixierung auf normative Steuerung wirkt strukturkonservativ. Der notwendige Kulturwechsel auf eine konsequente Qualitätsorientierung des Gesundheitssystems braucht Zeit, Geduld und Ideen.

---

[42] Ärzte Zeitung App: Spahn rät Ärzten zu mehr Gelassenheit, 14.10.2014, S. 4.

Qualitätswettbewerb durch Selektivverträge:
Ist der Traum zu Ende bevor er begann?*

Ernüchterung: Das ist die Bilanz von einem viertel Jahrhundert selektiven Kontrahierens in der gesetzlichen Krankenversicherung. Angefangen hatte es mit den seehoferschen Neuordnungsgesetzen. Diese hatten 1997 mit dem § 63 SGB V die Möglichkeit für die einzelnen Krankenkassen geschaffen, Modellvorhaben zur Weiterentwicklung der Versorgung durchzuführen. Ziel war es, den Qualitätswettbewerb zu stimulieren und die Grenzen der Leistungssektoren zu überwinden. Inzwischen sind nicht nur die Möglichkeiten des § 63 SGB V weiter gefasst, es gibt eine ganze Reihe von gesetzlichen Bestimmungen, die das selektive Kontrahieren befördern sollen:

– die hausarztzentrierte Versorgung (§ 73b SGB V),
– die besondere ambulante ärztliche Versorgung (§ 73c SGB V),
– die integrierten Versorgungsformen (§ 140a-d SGB V) sowie
– formal auch die strukturierten Behandlungsprogramme (§ 137f-g SGB V), die de facto aber überwiegend von allen Krankenkassen gemeinsam und einheitlich umgesetzt werden.

Die weitverbreitete Desillusionierung hat der Sachverständigenrat Gesundheit in seinem jüngsten Sondergutachten auf den Punkt gebracht: „Während es zunächst gelang mit Hilfe dieser Versorgungsformen eine integrative und wettbewerbliche Bewegung in die Gesundheitsversorgung zu bringen, setzte inzwischen eine gewisse Ernüchterung ein. Diese liegt nicht nur an möglicherweise zu hohen Erwartungen, sondern auch an den Schwachstellen der jeweiligen

---

* Estveröffentlichung in: IMPLICONplus 10/2012.

119

Rahmenordnungen, die Effizienz- und Effektivitätsverbesserungen entgegenstehen."[1] Der Rat fordert deshalb mehr Anreize für einen Wettbewerb, insbesondere um eine bessere Versorgungsqualität. Außerdem fordert der Rat, die ambulante spezialärztliche Versorgung (§ 116b SGB V) wettbewerblich auszugestalten wie das 2004 bis 2007 schon einmal der Fall war.

Wie das Amen der Gemeinde in der Kirche der Predigt des Priesters/Pfarrers folgt, so folgt im profanen Alltag der Ernüchterung die Suche nach dem Schuldigen. Jens Spahn von der CDU sieht den Schwarzen Peter bei den Krankenkassen, die von den Möglichkeiten der integrierten Versorgung „geradezu fahrlässig wenig" Gebrauch machten.[2] Klaus Jacobs vom Wissenschaftlichen Institut der AOK (WIdO) bezieht sich direkt auf Spahn und kontert: „Doch dabei behindert der Gesetzgeber sie (die Einzelverträge, A.M.) eher, als dass er sie unterstützt" und beklagt den gesetzgeberischen „Stillstand in dieser Legislaturperiode".[3]

Tatsächlich ist es nach Erhebungen des Sachverständigenrates Gesundheit unbestreitbar, dass die Möglichkeit von Einzelverträgen nach § 140a-d SGB V – die mit 6339 Verträgen in 2011 die am häufigsten genutzt Einzelvertragsoption – für die Krankenkassen als Instrument zur Kostensenkung nur unter ferner liefen rangiert: Platz 13 von 18 Optionen zur Kostensenkung.[4] Die befragten Krankenkassen verweisen außerdem auf eine Vielzahl regulierungsbedingter Hemmnisse beim Abschluss von Verträgen.

---

[1] Sachverständigenrat zur Begutachtung der Entwicklung im Gesundheitswesen: Sondergutachten 2012 (Wettbewerb an der Schnittstelle zwischen ambulanter und stationärer Gesundheitsversorgung), Rz. 184, *http://www.svr-gesundheit. de/index.php?id=378.*

[2] Jens Spahn im Interview mit der Ärztezeitung vom 21. Juli 2012.

[3] Jacobs, Klaus: Wettbewerb in Fesseln, in: Gesundheit und Gesellschaft, Ausgabe 7-8/2012, S. 25–29.

[4] Wille, Eberhard; Thüsing, Gregor: Wettbewerb an der Schnittstelle zwischen ambulanter und stationärer Gesundheitsversorgung, Folie 9 Antworten von 87 befragten Krankenkassen, *http://www.svr-gesundheit.de/fileadmin/user_up load/Aktuelles/2012/Vortrag_Wille_Thuesing.pdf.*

Tatsächlich wurde der Aufwand für das Ausrollen von sektorübergreifenden in der ersten Euphorie dramatisch unterschätzt. So ist man auch bei der Techniker Krankenkasse davon ausgegangen, dass zunächst hohe Verwaltungsaufwände gerechtfertigt seien wie ja ein Prototyp im Automobilbau nicht zu marktgängigen Preisen gebaut werden könne. Hohe Verwaltungsaufwände wurden deshalb zunächst als Zukunftsinvestionen akzeptiert. Von den relativ einfachen Integrationsverträgen z.B. in der Endoprothetik abgesehen hat es sich aber als enorm aufwendig erwiesen und zum Teil als nicht realisierbar erwiesen, einmal erarbeitete Konzepte einfach auszurollen. Wo dies gelingt, ist ein erheblicher Aufwand notwendig, um Vertragspartner von Projekten zu überzeugen und/oder diese an die jeweiligen regionalen Gegebenheiten anzupassen. Den folgenden Aussagen von Wissenschaftlern des Greifswalder Instituts für Community Medicine, die innovative Konzepte für regionale Versorgung untersucht haben, ist deshalb zuzustimmen:

> „Die Organisation einer regionalen Versorgung ist somit abhängig von den regionalen Bedingungen, speziell davon, welche Akteure vorhanden sind und wie diese sich geografisch, über die Sektoren, über Professionen, über private und öffentliche Träger etc. verteilen. Qualifikationen, Kapazität und Erreichbarkeit sind wichtige Randbedingungen".[5]

Für einen Praktiker aus den Krankenkassen ist dies aber ein deutliches Warnschild: Hier drohen enorme Kosten an Zeit und Geld mit sehr unsicherem return on investment. Helmut Hildebrandt droht zum Sysiphos des deutschen Gesundheitswesens zu werden, der wider diese Erfahrungen immer wieder den Stein aufnimmt und den Berg hinan wälzt, sprich: versucht, die Erkenntnisse aus „seinem" Kinzigtal-Projekt auf andere deutsche Regionen zu übertragen. Camus beschreibt zwar die Glücksgefühle, die beim vergeblichen Rollen eines Steins auf den Berg entstehen in der sicheren Erkenntnis, dass er

---

[5] Hoffmann, Wolfgang; van den Berg, Neeltje: Gesundheitliche Versorgung in der Region, in: Klein, Bodo; Weller Michael (Hrsg.): Masterplan Gesundheitswesen 2020, Baden-Baden 2012; S. 87–103, S. 102.

wieder hinabrollt. Über die betriebswirtschaftliche Seite des Unterfangens äußert er sich nicht.

Frage an Klaus Jacobs: Wie stellt er sich eine gesetzliche Regelung vor, die dieses Problem löst?

Frage an Jens Spahn: Ist es wirklich fahrlässig, dass in den Krankenkassen mehr betriebswirtschaftliche Vernunft als versorgungspolitischer Idealismus herrschen?

Die Probleme bei der Implementierung von selektivvertraglichen Regelungen sind damit aber noch nicht abschließend beschrieben:

–   Wie vermeidet man Mitnahmeffekte? Die Frage ist nicht trivial, denn sie entscheidet in hohem Maße über Erfolg und Misserfolg eines Vertrages. Der richtige Ein- bzw. Ausschluss von Patienten ist ein wissenschaftlich anspruchsvolles Vorhaben. Werden zu viele leichte Fälle eingeschlossen, freut sich der Leistungserbringer über gutes Geld, für die Krankenkasse wird es aber zu teuer. Umgekehrt muss eine gute Vertragspartnerschaft aber auch sicherstellen, dass sich ein Leistungserbringer nicht ruiniert, wenn er schwierige Fälle behandelt. Dauerhaft wird die Vertragspartnerschaft nur sein, wenn der Patientennutzen im Vordergrund steht, aber Kasse wie Leistungserbringer die wirtschaftliche Vernunft des jeweils anderen respektieren. Um neue Vergütungselemente zu implementieren und den Erfolg entsprechend zu evaluieren, braucht es exorbitantes Know-How und ausreichend Fallzahlen. Die Erhebung von statistisch signifikanten Daten erfordert große Versichertenpopulationen. Dies können nur Marktteilnehmer ab einer gewissen Größe leisten. Außerdem gilt: Der Aufwand ist hoch, der Nutzen schwer zu beweisen.[6]

–   Wie hoch darf der Verwaltungs- und Controlling-Aufwand sein? Wie viel Zeit und Geld notwendig ist, um einen Vertrag zu schließen, wurde oben bereits angerissen. Damit ist der Aufwand

---

[6]   Beispiel für Versuche hierzu finden sich z.B.: Klusen, Norbert; Meusch, Andreas; Piesker, Juliane: Pay for Performance – weder Königs- noch Holzweg, in: Klusen/Meusch/Thiel (Hrsg.): Qualitätsmanagement im Gesundheitswesen, Baden-Baden 2011, S. 89-116, insb. S. 99–115.

aber noch nicht zu Ende. Zunächst ist Klaus Jacobs zuzustimmen, der auf die Dehnbarkeit von Diagnosen und unkontrollierbare Mengenzuwächse als Problem hinweist, Selektivverträge wirtschaftlich zu gestalten.[7] Wie aufwendig die Verwaltung und das Controlling von Verträgen sind, soll hier am Beispiel der als unintelligent diffamierten Verträge zum Ambulanten Operieren beschrieben werden. Diese müssen praktisch jährlich an sich ändernde Op-Kataloge angepasst werden. Außerdem führt der erfreulich schnelle medizinische Fortschritt dazu, dass heute sehr viele Operationen über den EBM hinreichend finanziert sind, die vor kurzem nur durch finanzielle Incentives aus der stationären in die ambulante Versorgung überführt werden konnten. Die entsprechenden Verträge nach § 140a-d haben dazu einen wichtigen Beitrag geleistet. Eine Krankenkasse, die noch den gleichen Katalog von stationsersetzenden Operationen zu den gleichen Konditionen wie vor fünf Jahren bedient, riskiert, Versichertengelder zu veruntreuen. Der Aufwand in der Pflege und im Controlling von Verträgen ist deshalb unvermeidlich, das setzt den break even aber noch weiter in die Zukunft im Lebenszyklus eines Vertrages und kann in Verbindung mit den übrigen Kostentreibern dazu führen, dass sich ein Vertrag nicht rechnet.

– Aus der Perspektive der Leistungserbringer stellt sich nicht zu Unrecht die Frage, wie zu verhindern ist, dass eine Krankenkasse mit einem Mitbewerber einen attraktiven Vertrag schließt und nicht mit ihm. Der Ruf nach strengeren vergaberechtlichen Verfahren ist deshalb nachvollziehbar. Auf eines sei aber hingewiesen: das kostet Zeit und Geld.

– Nachdem Leistungserbringer, Kassenhandler, Statistiker, Controller und Juristen also mit einer gewissen Berechtigung ihre Rolle im selektiv-Kontrahieren-Business reklamierten, können die Wissenschaftler nicht abseits bleiben. Völlig zu Recht bedauert deshalb der Sachverständigenrat Gesundheit, dass die Verträge nicht

---

[7] Jacobs, Klaus: Wettbewerb in Fesseln, in: Gesundheit und Gesellschaft, Ausgabe 7-8/2012, S. 28.

wissenschaftlich evaluiert werden. Ordnungspolitisch ist das in der Tat zu bedauern. Neben dem ceterum censeo „das kostet Zeit und Geld kostet" sei hier noch auf einen anderen ordnungspolitischen Effekt hingewiesen: Um entsprechende Fallzahlen zu bekommen, sind große Versichertenpopulationen notwendig. Die obligatorische, wissenschaftliche Evaluation führt zwangsläufig auf eine Konzentration auf die großen Volkskrankheiten und auf die großen Krankenkassen. Regionale Player auf Leistungserbringer wie auf Kassenseite werden damit faktisch von dieser Vertragsform ausgeschlossen. Ist das ordnungspolitisch sinnvoll?

– Warum sind die Ärzte nicht Motoren dieser Entwicklung, wenn die Kassen sie laut Spahn schon fahrlässig verspielen? Den Grund liefert der stellvertretende Chefredakteur der Ärzte Zeitung, Helmut Laschet: „Unter der Hand wird von Vertragsspezialisten, die insbesondere Erfahrung mit dem Abschluss von Selektivverträgen haben, zugegeben, dass das finanzielle Sättigungsniveau der meisten Ärzte ein solches Ausmaß erreicht hat, dass Ärzte erst dann zu Leistungs- und Qualitätsanstrengungen bereit sind, wenn das zu erwartende Honorarplus eine Größenordnung von etwa 20 Prozent erreicht".[8]

Zusammenfassend lässt sich also feststellen, dass der Aufwand für die Implementierung und Pflege von Verträgen zur sektorübergreifenden Versorgung deutlich höher ist als ursprünglich angenommen. Trotzdem ist die Tendenz ungebrochen, die notwendigen Aufwände weiter zu erhöhen statt abzubauen. Vergaberechtlich saubere Verfahren und wissenschaftliche Evaluation sind unbestreitbar wichtig, werden aber dazu führen, dass in Zukunft nur noch große Player für große Volkskrankheiten solche Verträge machen können. Selbst da wird der zu leistende Aufwand in vielen Fällen dazu führen, dass Verträge nicht geschlossen und Versorgungsideen aus Kostengründen

---

[8] Laschet, Helmut: Honorarpolitik ohne Konsistenz, in: Implicon. Gesundheitspolitische Analysen Nr. 8/2012, S. 6 f.

frühzeitig verworfen werden. Es sieht nicht gut aus für den Qualitätswettbewerb durch Selektivverträge in Deutschland.

Warum wirft sich dann ein so guter Kenner der Materie wie Klaus Jacobs so für die Einzelverträge ins Zeug wie er das mit seinem Aufsatz über den Wettbewerb in Fesseln getan hat? Natürlich hat das etwas mit dem bevorstehenden Bundestagswahlkampf und der Hoffnung auf ein SPD-geführtes Gesundheitsministerium zu tun. Seinen Beitrag darauf zu reduzieren, griffe aber zu kurz. Sein Bild von einer zukünftigen Wettbewerbsordnung ist konsistent, losgelöst von politischen Konstellationen auf Bundesebene. Sein Engagement ist verblüffend einfach erklärt: Die von ihm skizzierte Wettbewerbsordnung nutzt der AOK am meisten. Nicht erwähnt in seinem Aufsatz ist eine Fessel des Wettbewerbs: Wenn Krankenhäuser überlegen, mit einer anderen Krankenkasse als dem „Hauptbeleger" einen Selektivvertrag abzuschließen, müssen sie selbstverständlich ins Kalkül ziehen, wie der Hauptbeleger reagieren wird. Die Rechnungszahlung auch nur 24 Stunden zu verzögern oder die MDK-Prüfquoten zu steigern, allein das Risiko ist für den einen oder die andere Verwaltungsleiterin einer Klinik schon ein Argument, den interessanten Selektivvertrag dann doch nicht zu schließen. Die *economies of scale* sind Erkenntnisse aus der betriebswirtschaftlichen Propädeutik. Klaus Jacobs hat einfach eine vernünftige Vorstellung davon, wem ein solcher Wettbewerb am meisten nutzen wird.

Demographie:
Die tickende Zeitbombe in Europa[*]

Die steigenden Beitragssätze in der gesetzlichen Krankenversicherung werden im Wesentlichen auf drei Ursachen zurückgeführt:

- den demographischen Wandel,
- die wirtschaftliche Entwicklung, insbesondere die Lage auf dem Arbeitsmarkt und
- den medizinischen Fortschritt.

Probleme, die sich für das Gesundheitssystem durch die demographische Entwicklung ergeben, ähneln sich, unabhängig von der Finanzierungsstruktur in den jeweiligen Ländern. Das ist das Ergebnis einer Doktorarbeit, die am Lehrstuhl von Professor Bernd Raffelhüschen an der Universität Freiburg entstanden ist. Christian Hagist untersucht die Bedeutung der demographischen Entwicklung für das Gesundheitssystem in den unterschiedlichen Finanzierungssystemen Österreichs, Frankreichs, Deutschlands, der Schweiz und des Vereinigten Königreichs sowie der Vereinigten Staaten.

Die von Hagist gewählte Methode der Generationenbilanzierung entspricht dem kritischen Ansatz von Raffelhüschen, der für mehr Nachhaltigkeit bei der Finanzierung der sozialen Sicherungssysteme plädiert, und ermöglicht die Analyse der finanziellen Auswirkungen des medizinisch-technischen Fortschritts. Dabei werden die Systeme sowohl isoliert als auch vergleichend betrachtet.

Drei Hauptaussagen werden herausgearbeitet:

---

[*] Erstveröffentlichung als Vorwort zu; Hagist, Christian: Demography and Social Health Insurance. An International Comparison Using Generational Accounting, Baden Baden 2008 (Beiträge zum Gesundheitsmanagement, Band 19.

- Bei den Wirkungen des demographischen Wandels kommt es nicht in erster Linie auf das absolute Alter einer Bevölkerung an, sondern vor allem auf die Dynamik, mit welcher sie altert.
- Alle untersuchten Staaten müssen sich auf Finanzierungsschwierigkeiten hinsichtlich ihrer Krankenversicherungssysteme einstellen, unabhängig davon, ob diese nun beitrags-, steuer- oder mischfinanziert sind.
- Der demographische Wandel ist zwar ein Kostentreiber, jedoch aus Finanzierungssicht nicht das größte Problem. Dies sind vielmehr die ausgabenseitigen Konsequenzen des medizinisch-technischen Fortschritts.

Der medizinische Fortschritt hat eine größere Kostendynamik als die Alterung der Bevölkerung: Mit dieser Kernthese macht die Arbeit deutlich, vor welcher Herausforderung die gesetzliche Krankversicherung in den nächsten Jahren steht: In der Rentenversicherung waren die Verlängerung der Lebensarbeitszeit, der Verzicht auf Altersteilzeit, Einschnitte bei der Bewilligung von Erwerbsunfähigkeitsrenten, eine Rentenanpassungsformel, die auch die demographische Entwicklung berücksichtigt, sowie die Ergänzung durch Riester- und Rürup-Rente notwendig, um die Alterssicherung zukunftssicher zu machen. Das Demographieproblem muss für die Krankenversicherung noch gelöst werden – und gleichzeitig ist der Zugang zum medizinischen Fortschritt für die Bevölkerung zu sichern. Die „ticking time-bomb", die Hagist beschreibt (S. 173) tickt noch immer, in der Rentenversicherung sogar noch schneller als zum Zeitpunkt, zu dem seine Untersuchung entstanden ist.

Sind die Kosten des Gesundheitssystems in Deutschland ein Problem für den Wirtschaftsstandort?*

Das Gesundheitswesen zählt zu den herausragenden Wachstumsmärkten in Deutschland. Die demografische Entwicklung, innovative Forschung, intensiver Wettbewerb sowie das zunehmende Gesundheitsbewusstsein der Menschen sind die Grundlage dafür, dass der Anteil der Gesundheitsausgaben am Bruttosozialprodukt weiter steigt. Schon heute generiert das Gesundheitswesen eine Bruttowertschöpfung von über 200 Milliarden Euro jährlich, die von mehr als fünf Millionen Erwerbstätigen erarbeitet wird. Experten gehen von einer jährlichen Steigerung von gut zwei Prozent aus. Prof. Thomas Straubhaar vom Hamburgischen Weltwirtschaftsinstitut kommt in einem Gutachten zu dem Ergebnis, dass bis 2020 rund 430.000 zusätzliche Arbeitsplätze im Gesundheitswesen entstehen werden. Bei einer vollständigen Deregulierung prognostiziert er für den gleichen Zeitraum sogar über 600.000 neue Arbeitsplätze.

Es ist erfreulich, dass in den letzten Jahren die Diskussion um die Chancen im Wachstumsmarkt Gesundheit dazu beigetragen hat, die Sorgen um die Bedeutung der Krankenversicherungsbeiträge für die Lohnnebenkosten zu reduzieren. In diesem Kontext gehört der Hinweis, dass in den letzten Jahren die Belastungen der privaten Haushalte durch Gesundheitsausgaben überproportional gestiegen sind.

---

* Erstveröffentlichung als Vorwort zu: Martin Albrecht/Anke Schliewen/Alina Wolfschütz: Gesundheitssystembedingte Kosten für Arbeitgeber und Arbeitnehmer in Deutschland. Eine Analyse der gesundheitssystembedingten Belastungen im internationalen Vergleich, Baden Baden 2012 (Beiträge zum Gesundheitsmanagement, Band 34). Die Diskussion um die Wiedereinführung der paritätischen Finanzierung in der Krankenversicherung zum Jahreswechsel 2015/2016 zeigt die Aktualität des Beitrags.

Die vorliegende Studie zeigt, dass sich die gesundheitssystembedingten Kosten von 2000 bis 2008 für private und öffentliche Arbeitgeber nur um einen Prozentpunkt, für private Haushalte aber um 4,8 Prozentpunkte erhöht haben, während die Gesundheitsausgaben insgesamt im Verhältnis zum Bruttoinlandsprodukt seit Jahren relativ stabil geblieben sind. Die Änderungen von Leistungen im Katalog der gesetzlichen Krankenversicherung – insbesondere die Aufhebung der paritätischen Finanzierung des Beitragssatzes zwischen Arbeitgebern und Arbeitnehmern – sind die wesentlichen Ursachen.

Diesen Weg hat auch die schwarz-gelbe Koalition fortgesetzt. Im Koalitionsvertrag 2009 wurde ein neues Finanzierungsmodell der gesetzlichen Krankenversicherungen (GKV) festgelegt und mit der jüngsten Gesundheitsreform im GKV-Finanzierungsgesetz umgesetzt: Um die Kostensteigerung des Gesundheitswesens von den Lohnnebenkosten zu entkoppeln, wurde der Beitragssatz der Arbeitgeber zur Krankenversicherung im Jahr 2010 festgeschrieben und beträgt im Jahr 2015 7,3 Prozent. Der Gesetzgeber geht in diesem Jahr von einem durchschnittlichen Beitragssatz von 15,5 Prozent aus. Die gesetzlich krankenversicherten Mitglieder zahlen deshalb zusätzlich zu den 7,3 Prozent noch einmal im Schnitt 0,9 Prozent und müssen auch zukünftige Ausgabensteigerungen im Gesundheitswesen allein finanzieren.

Ist aber die Höhe der Lohnnebenkosten ein ausreichendes Argument, die Arbeitgeber aus der Finanzierungsverantwortung zukünftiger Ausgabensteigerungen zu entlassen? Aus Sicht der Versicherten nicht. Eine repräsentative, jährlich durchgeführte Befragung der Techniker Krankenkasse (TK) zeigt, dass über zwei Drittel der GKV-Versicherten es als ungerecht empfinden, den Krankenkassenbeitrag von den Lohnnebenkosten zu entkoppeln und demzufolge künftige Ausgabensteigerungen allein die Arbeitnehmer tragen zu lassen. Auch aus wirtschaftlicher Sicht ist es nicht zwingend, die paritätische Finanzierung des Krankenkassenversicherungsbeitrages aufzugeben[1],

---

[1] Die Beitragslast ist seit dem 1. Juli 2005 nicht mehr paritätisch auf Arbeitnehmer und Arbeitgeber verteilt. Bis 2014 mussten Arbeitgeber gemäß § 249

denn die zusätzlichen Kosten der privaten Haushalte werden die Tarifverhandlungen belasten und die Staatsausgaben für den Sozialausgleich ausweiten. Außerdem wird dies dazu führen, dass die Bereitschaft der Bevölkerung zur privaten Altersvorsorge geschwächt wird, da im Ergebnis ein wachsender Anteil des ersparten Geldes über steigende Gesundheitsausgaben wieder abgeschöpft wird. Die vorliegende Studie will zur Versachlichung der Debatte beitragen.

Die Autoren gehen der Frage nach, wie hoch die gesundheitssystembedingte Arbeitgeberbelastung — gerade auch im internationalen Vergleich — ist. Die Ergebnisse bestätigen zunächst die Aussage der Vorgängerstudie: Die Belastung der Arbeitgeber durch gesundheitssystembedingte Kosten ist bei weitem geringer, als dies in der allgemeinen öffentlichen Debatte dargestellt wird. Auch sind die Arbeitgeber im Vergleich zu den privaten Haushalten wesentlich geringer durch gesundheitssystembedingte Kosten belastet. Auch wird das Argument widerlegt, der Anteil der Arbeitgeber an den Gesundheitsausgaben sei — relativ zur gesamtwirtschaftlichen Leistung — zu hoch. Die Autoren zeigen, dass sich die Kosten der GKV lediglich auf 5,2 Prozent der gesamten Arbeitskosten belaufen. Im internationalen Vergleich wird deutlich, dass in Deutschland die Arbeitgeberbelastung im Mittelfeld liegt und somit die internationale Wettbewerbsfähigkeit durch die Lohnnebenkosten nicht in dem Maße gefährdet ist, wie häufig behauptet wird. Darüber hinaus beleuchtet die Studie eine Reihe von Aspekten, die es verdienen, in der politischen Diskussion um die Lohnnebenkosten stärker berücksichtigt zu werden. So ist der

---

SGB V alter Fassung die Hälfte des um 0,9 Prozentpunkte reduzierten allgemeinen oder ermäßigten Beitragssatz tragen. Seit 2015 tragen Arbeitgeber gemäß § 249 Abs. 1 SGB V neuer Fassung die Hälfte der Beiträge des Mitglieds aus dem Arbeitsentgelt nach dem allgemeinen oder ermäßigten Beitragssatz. Den übrigen Teil des Beitrags tragen die Arbeitnehmer. Der geschätzte Anstieg für 2016 um durchschnittlich 0,2 Prozentpunkte und möglicher Weise weitere 0,3 Prozentpunkte für 2017 hat zu einer Diskussion um die Rückkehr zur paritätischen Finanzierung geführt. *http://www.focus.de/finanzen/news/wirt schaftsticker/konjunktur-experte-sagt-auch-2017-steigende-krankenkassenbeit raege-voraus_id_5025409.html.*

Anteil der Gesundheitsausgaben an den Gesamtkosten von Industrieprodukten zwischen 2000 und 2008 prozentual und absolut gesunken. In der Chemieindustrie ist der Anteil von 2,1 auf 1,8 Prozent zurückgegangen, im Fahrzeugbau sogar auf 1,7 Prozent. So spart der Käufer eines VW Polo, statistisch betrachtet, gut 50 Euro. Mit der Studie zeigt sich, dass die Diskussion über die Finanzierung der Gesundheitsausgaben fortgeführt werden muss. Wird die Diskussion nur auf die Ausgabenseite verkürzt, so wird vernachlässigt, dass eine gute Gesundheitsversorgung einen großen volkswirtschaftlichen Nutzen hat. Denn ein Gesundheitssystem mit einem hervorragenden Zugang zu hochwertiger medizinischer Versorgung − wie es in Deutschland existiert − trägt wesentlich dazu bei, dass die Arbeitsfähigkeit und Produktivität der Erwerbstätigen erhalten bleibt und die Menschen aus eigener Kraft für ihren Unterhalt sorgen können. Unser Gesundheitswesen und die damit verbundenen Kosten sind deshalb ein Standortvorteil für Deutschland.

Finanzentwicklung der sozialen Pflegeversicherung bis 2060

Vorwort zu: David Bowles: Finanzentwicklung der sozialen Pflegeversicherung. Modellrechnungen unter Berücksichtigung demografischer, ökonomischer, gesundheitlicher und sozialrechtlicher Rahmenbedingungen[*]

„Aus heutiger Sicht [2007] kann gesagt werden, dass die Bundesrepublik Deutschland mit der Pflegeversicherung ein bislang weltweit einmaliges Modell der Sicherung im Pflegefall ... geschaffen hat." Sie dient als Vorbild für Neuregelungen in anderen Ländern von Luxemburg bis Japan.[1] Dieser Einschätzung des Leiters des Kieler Instituts für Sozialrecht und Gesundheitsrecht, Gerhard Igl, kann man sich auch im Jahre 2015 zum zwanzigsten Bestehen der sozialen Pflegeversicherung anschließen. Denn bei aller Kritik an Details: Die Pflegeversicherung, die 1995 als fünfte Säule der Sozialversicherung Realität wurde, verdient eine grundsätzlich positive Bewertung. In einer historischen Phase, die durch Diskussionen um die Kosten der deutschen Einheit geprägt war, neue und teure Sozialleistungen einzuführen, war auch aus heutiger Sicht eine politische Großtat. Viele

---

[*] Bowles, David: Finanzentwicklung der sozialen Pflegeversicherung. Modellrechnungen unter Berücksichtigung demografischer, ökonomischer, gesundheitlicher und sozialrechtlicher Rahmenbedingungen, Baden Baden 2015 (Baas, Jens; Meusch, Andreas (Hrsg.) Beiträge zum Gesundheitsmanagement Bd. 40)

[1] Igl, Gerhard: Sicherung im Pflegefall, in: Gerhard A. Ritter (Hrsg.): Band 11 der Geschichte der Sozialpolitik in Deutschland seit 1945: 1989-1994: Sozialpolitik im Zeichen der Vereinigung, Baden-Baden 2007; S. 694-717, S. 717.

Befürchtungen von damals sind nicht eingetreten. So hat die Pflegeversicherung keineswegs eine Mentalität geschaffen, Angehörige verfrüht in stationäre Pflege abzuschieben. Sie hat aber wesentlich zur Verbesserung der pflegerischen Infrastruktur beigetragen und die Abhängigkeit der Versorgung von den sehr unterschiedlichen Regeln der Sozialhilfeträger vermindert. Die Leistungen der Pflegeversicherung haben die kommunalen Sozialhilfeträger entlastet und die pflegebedingte Sozialhilfeabhängigkeit vermindert.[2] Selbst die Berichte über Pflegeskandale in Heimen zeigen mitunter positive Auswirkungen der Pflegeversicherung: Ohne die Arbeit der medizinischen Dienste im Auftrag der Pflegekassen wären manche Defizite nicht aufgedeckt worden.

So weit die Erfolgsgeschichte. Zu den Problemen, die der inzwischen nicht mehr ganz so neue Sozialversicherung schon in die Wiege gelegt wurden, gehört das demographische Problem, dass nach den Babyboomern der Pillenknick kam und die sich verändernde Bevölkerungsentwicklung ein strukturelles Finanzierungsproblem schafft mit einem klaren Schwerpunkt in der Phase, in der die geburtenstarken Jahrgänge 1959 bis 1967[3] altersbedingt ein erhöhtes Pflegerisiko haben werden. Die koordinierte Bevölkerungsvorausberechnung des Statistischen Bundesamtes formuliert das Problem auf den Punkt: Der

---

[2] Allerdings steigen inzwischen wieder die Ausgaben und die Zahl der Leistungsempfänger und die meisten Menschen in stationärer Pflege sind abhängig von Sozialhilfeleistungen. Statistisches Bundesamt (Hrsg.): Statistik der Sozialhilfe. Hilfe zur Pflege, Wiesbaden 2011. S. 28f. *https:/www.destatis. de/DE/Publikationen/Thematisch/Soziales/Sozialhilfe/HilfezurPflege52210201 17004.pdf?__blob=publicationFile.*

[3] „Die Geburtsjahrgänge 1959 bis 1967 sind mit 1,24 Mio. bis 1,36 Mio. Menschen deutlich stärker besetzt als die davor und danach liegenden Jahrgänge (Baby-Boomer). Im Jahr 2034 erreicht der erste Jahrgang das 75. Lebensjahr, nach dem die Wahrscheinlichkeit, pflegebedürftig zu sein, deutlich ansteigt. Etwa 20 Jahre später rücken die erheblich schwächer besetzten Jahrgänge nach 1967 in das Pflegealter vor". Aus den Erläuterungen des Bundesgesundheitsministeriums zum Vorsorgefonds in der Pflegeversicherung *http.bmg.bund.de /glossarbegriffe/p-q/pflegevorsorgefonds.html.*

Prozess der Alterung der deutschen Gesellschaft unumkehrbar, weil er bereits im heutigen Altersaufbau angelegt ist.[4] Deshalb muss nicht nur die Bundesregierung einmal in jeder Legislaturperiode dem Parlament über die Entwicklung in der Pflegeversicherung berichten. Eine „Enquete-Kommission Demografischer Wandel"[5], Altenberichte der Bundesregierungen[6] sowie eine Vielzahl wissenschaftlicher Publikationen liefern eine Fülle von Fakten zu der Problematik. Inzwischen wird auch die kapitalgedeckte Absicherung des Pflegerisikos gesetzlich gefördert (Pflege-Bahr).[7] Ergänzt wird diese individuelle Form der kapitalgedeckten Finanzierung seit Beginn des Jahres 2015 durch den Aufbau einer kollektiven Vermögensreserve, den so genannten Pflegevorsorgefonds, in den über 20 Jahre jährlich 1,2 Mrd. Euro eingezahlt werden sollen. Allein: Dies wird auch nach Auffassung des zuständigen Bundesgesundheitsministerium Probleme nicht lösen, sondern nur „abmildern".[8]

Es bleibt damit auch der Bedarf, die Finanzentwicklung der Pflegeversicherung weiter wissenschaftlich zu analysieren. Das tut die Fakultät für Gesundheitswissenschaften an der Universität Bielefeld und so ist am Lehrstuhl für Gesundheitsökonomie und Gesundheitsmanagement von Professor Wolfgang Greiner die vorliegende Dissertation von David Bowles entstanden, die Modellrechnungen unter Berücksichtigung demografischer, ökonomischer, gesundheitlicher und sozialrechtlicher Rahmenbedingungen durchführt. Ihr Ziel ist eine Abschätzung des finanziellen Drucks auf die umlagefinanzierte soziale Pflegeversicherung und eine näherungsweise Bewertung der Auswirkungen des Vorsorgefonds. Noch bevor der erste Euro in den neu geschaffenen Fonds eingezahlt wurde, gelingt es dem Autor eine

---

[4] Statistisches Bundesamt (Hrsg.): Bevölkerung Deutschlands bis 2060. 12. Koordinierte Bevölkerungsvorausberechnung, Wiesbaden 2009.

[5] BT-Drs. 14/8800.

[6] BT-Drs. 14/5130 und BT-Drs. 14/8822.

[7] § 127 SGB XI.

[8] „Über einen Zeitraum von 20 Jahren soll so Geld angespart werden, um künftige Beitragssteigerungen abzumildern". *http://www.bmg.bund.de/glossarbe griffe/p-q/pflegevorsorgefonds.html.*

wissenschaftlich fundierte Analyse seiner Auswirkungen vorzulegen. Dazu werden nicht nur vorhandene Studienergebnisse ausgewertet, die wesentliche Leistung ist eine Simulation der Finanzentwicklung der sozialen Pflegeversicherung bis zum Jahr 2080. Die Projektionshorizonte anderer Modellrechnungen enden in der Regel im Jahr 2050 oder 2060 und damit zu einem Zeitpunkt, an dem der Alterungsprozess der geburtenstarken Jahrgänge noch nicht vollständig abgeschlossen ist. Der erweiterte Projektionshorizont ermöglicht diesen Prozess näherungsweise vollständig abzubilden und so bestehende Hypothesen zu überprüfen, wie die, dass die Probleme nach dem Wegsterben der Babyboomer kleiner werden.

Um in unterschiedlichen Szenarien die Auswirkungen von Geburten, Sterbefälle, Wanderungsbewegungen auch einzeln und damit flexibler variieren zu können, führt der Autor eine eigene Bevölkerungsprojektion durch, die auf der Kohorten-Komponenten-Methode beruht, mit der auch das statistische Bundesamt arbeitet.[9] Dieses Konzept ermöglicht es, Auswirkungen sowohl auf der Einnahmen- als auch auf der Ausgabenseite zu simulieren. Dies soll Antworten auf drei Fragen liefern:

- Wie wird sich die soziale Pflegeversicherung unter Beibehaltung des gegenwärtigen Finanzierungssystems und unter Berücksichtigung von demografischen, ökonomischen, gesundheitlichen und sozialrechtlichen Einflussfaktoren finanziell entwickeln?
- Wie wird sich die soziale Pflegeversicherung unter Einbezug einer kollektiv-ergänzenden Kapitalreserve und unter Berücksichtigung von demografischen, ökonomischen, gesundheitlichen und sozialrechtlichen Einflussfaktoren finanziell entwickeln?
- Wie stark ist der Einfluss von bestimmten demografischen, ökonomischen, gesundheitlichen und sozialrechtlichen Faktoren auf

---

[9] Statistische Bundesamt (Hrsg.): Modell der Bevölkerungsvorausberechnungen, Wiesbaden 2014. *https://www.destatis.de/DE/ZahlenFakten/Gesellschaft Staat/Bevoelkerung/Bevoelkerungsvorausberechnung/VorausberechnungsMod ell.pdf;jsessionid=D5DA8FC3D344395D349EEAC4FAE96B6C.cae3?__blob =publicationFile.*

die Finanzentwicklung der sozialen Pflegeversicherung im gegenwärtigen und im alternativen Finanzierungssystem?

In drei Szenarien werden jeweils für die Jahre 2060 und 2080 Prognosen für den notwendigen Beitragssatz der sozialen Pflegeversicherung berechnet. Dabei wird das Grundprinzip der sozialen Pflegeversicherung beibehalten, die als Teilkaskoversicherung keine vollständige Finanzierung der pflegebedingten Kosten vorsieht. Das Ver-
gleichsniveau ist 2015 mit einem Beitragssatz von 2,25 Prozent:

- Im Basisszenario ohne Leistungsdynamisierungen oder Veränderungen der Inanspruchnahme sowie ohne Berücksichtigung posi-
  tiver Effekte auf dem Arbeitsmarkt wird der Beitragssatz 4,62
  Prozent in 2060 bzw. 5,06 Prozent in 2080 betragen;
- in einem realistischeren Szenario wird unter der Annahme jährli-
  cher Leistungsdynamisierung von 1,5 Prozent der Beitragssatz
  4,84 Prozent in 2060 bzw. 5,74 Prozent in 2080 betragen.
- Wenn die Annahme stimmt, dass bei Dienstleistungen wie der
  Pflege nur wenig Rationalisierungspotenzial besteht und die er-
  forderliche Qualität der Leistungen es erfordert, dass die Pflege-
  rinnen und Pfleger auch an der allgemeinen Lohnentwicklung
  teilhaben müssen[10], ist es zweckmäßig ein drittes Szenario zu
  rechnen, das von überproportionalen Preissteigerungen in der
  Pflege ausgeht und deshalb eine jährliche Dynamisierung der
  Leistungen um 2,25 Prozent vorsieht. Dann ist mit Beitragssätzen
  von 6,74 Prozent in 2060 bzw. 9,26 Prozent in 2080 zu rechnen.

Ausgehend von diesen Berechnungen werden weitere Szenarien
durchgerechnet, unter anderem werden die Auswirkungen des jetzt
eingeführten Vorsorgefonds simuliert. Der Autor kann seine äußerst
begrenzte Wirkung zeigen: „Im Zeitraum 2035–2054 beträgt die
mittlere Entlastung gerade einmal 0,18 Beitragssatzpunkte. ... Insge-

---

[10] Dies wird in der Literatur als „Baumolsche Kostenkrankheit" diskutiert, s.:
Baumol, William J.: The Cost Disease: Why Computers Get Cheaper and
Health Care Doesn't, New Haven, London 2012.

samt implizieren die Beitragssatzentwicklung und das Ausmaß der Beitragssatzentlastung vergleichsweise geringe Entlastungseffekte" (S. 208). Der Autor hält es deshalb für „irreführend", dass der Gesetzgeber von einer „langfristigen Stabilisierung der Beitragssatzentwicklung" durch den Gesundheitsfonds ausgeht (S. 235). Erst bei einem Beitragssatz für den Vorsorgefonds von 0,4 Prozent errechnet er Effekte in einer „substanziellen Größenordnung" (S. 211). Auch die Hoffnungen des Gesetzgebers, dass es mit Blick auf die Beitragssatzbelastung ab Mitte der 2050er-Jahre zu einer „gewissen Entspannung" kommt, werden durch die Simulationen „nur teilweise bestätigt" (S. 220 f.).

Weil die meisten Menschen, die im Simulationszeitraum pflegebedürftig werden, schon geboren sind, sind die Berechnungen sehr realitätsnah. Zusätzlich plausibilisiert der Autor die Ergebnisse noch mit zahlreichen Berechnungen und Annahmen anderer Wissenschaftler und Studien. Mit großer Akribie kann Bowles seine Simulationen in Bezug setzen zu bestehenden Prognosen und Simulationen und so die eigenen Ergebnisse überprüfen. Ihm gelingt die Plausibilisierung seiner Erkenntnisse eindrucksvoll. Dabei sind die Annahmen des Autors weit davon entfernt, die Lage zu dramatisieren. Mit nachvollziehbaren Argumenten ließen sich sogar dramatischere Entwicklungen simulieren. Insgesamt rechtfertigt sich so eindrucksvoll der letzte Satz der Dissertation: „Der Gesetzgeber ist hier gefordert, über eine reine Symbolpolitik hinauszugehen" (S. 246).

Die Studie hat die Fragestellungen auf die Pflegeversicherung fokussiert. Über die Konsequenzen für die Babyboomer und die Sozialhilfe sagt sie nichts. Diese lassen sich aber durchaus schlussfolgern. Allein das sinkende Rentenniveau auf Grund der bereits beschlossenen Renten-Gesetze wird dazu führen, dass immer weniger Menschen die zusätzlichen Kosten der Pflege, die die Sozialversicherung nicht abdeckt, tragen können. Die Sozialhilfe wird deshalb für noch mehr Menschen als heute einen größer werdenden Anteil der Pflegekosten tragen müssen, nicht nur in der stationären Pflege.

Wer ist darauf vorbereitet? Die Dramatik des Handlungsbedarfs zeigen auch Zahlen, die FORSA im Auftrag der Techniker Krankenkasse erhoben hat: Jeder Dritte unterschätzt die Pflegekosten und jeder Vierte überschätzt die Leistungen der Pflegekassen. Ein Pflegeplatz der Pflegestufe III kostete 2014 im Schnitt 3.300 Euro. Davon können die Pflegekassen aber nur 1.500 Euro übernehmen.[11] Diese Versorgungslücke wird von relevanten Teilen der Gesellschaft aber ignoriert. „Mit meiner Absicherung im Pflegefall habe ich mich noch nicht beschäftigt": Knapp die Hälfte der Bevölkerung verhält sich so und selbst von den Menschen ab 66 Jahren machen es 35 Prozent nicht anders. Selbst von den Babyboomern zwischen 46 und 55 Jahren meinen noch 44 Prozent, sich nicht mit dem Thema beschäftigen zu müssen.[12]

Wer sich nicht zusätzlich absichert, handelt verantwortungslos gegen sich selbst. Wie werden Menschen 2060 versorgt, die sich diese zusätzliche Absicherung nicht leisten können? Hier stellen sich nicht nur Fragen an den Gesetzgeber, sondern auch an jeden einzelnen wie die Gesellschaft als Ganzes.

---

[11] Techniker Krankenkasse (Hrsg.): Meinungspuls 2014. So sieht Deutschland sein Gesundheitssystem, Hamburg 2014, S. 41.
[12] Techniker Krankenkasse (Hrsg.): Meinungspuls 2014. So sieht Deutschland sein Gesundheitssystem, Hamburg 2014, S. 37.

Die Vermessung der Sozialpolitik

*Buchbesprechung: Bundesministerium für Arbeit und
Sozialordnung/Bundesarchiv (Hrsg.): Geschichte der Sozialpolitik
in Deutschland seit 1945**

Daniel Kehlmanns Roman über die Vermessung der Welt ist ein
Weltbestseller. Dies wird der hier vorgestellten Geschichte der Sozialpolitik sicher nicht widerfahren. Sie ist dennoch eine große Leistung und eine große Kraftanstrengung, die international nicht ihres
Gleichen hat: Es ist eine umfassende, sektoral wie systematisch ge-
gliederte Darstellung der Sozialpolitik vom Untergang des Dritten
Reiches, über die Entstehung zweier Deutscher Staaten einschließlich
der Phase der Wiedervereinigung.

Band 1 führt in das Thema ein, erläutert den Begriff Sozialpolitik,
dokumentiert die Verwaltungsgeschichte und begründet die Periodisierung des Gesamtwerks. Er gibt einen historischen Rückblick vor
1945, entwickelt die Grundlagen der Sozialpolitik – Begriffsge-
schichte, Periodisierung, Ordnungsprinzipien, Aufgaben der zentral-
staatlichen Verwaltungen – in der Bundesrepublik und in der DDR
und stellt einen internationalen Vergleich an. Band 2 behandelt die
Jahre 1945–1949 mit Schwerpunkt auf die Strukturfragen Kontinuität
und Neubeginn, die Bände 3–7 beschreiben chronologisch die Sozialpolitik in der Bundesrepublik bis 1989, die Bände 8–10 die Ent-

---

*   Erstabdruck in: Recht und Politik im Gesundheitswesen, Nr. 2/2009, S.
    41 f. Bundesministerium für Arbeit und Sozialordnung / Bundesarchiv
    (Hrsg.), Geschichte der Sozialpolitik in Deutschland seit 1945, Nomos,
    Baden-Baden 2001–2008; 11 Bände, 12.108 Seiten, 16,80 Euro ISBN 978-3-
    7890-7448-6.

wicklung in der DDR. Band 11 befasst sich mit der Wiedervereinigung und der Sozialpolitik bis 1994. Alle Bände – außer dem ersten – enthalten eine CD-ROM-Dokumentation, die die Recherche-Möglichkeiten für den Nutzer verbessern soll. Die Dokumente auf der CD-ROM sind vor allem von wissenschaftlichem und historischem Interesse. Nostalgiker kommen voll auf ihre Kosten und auch der Autor dieser Zeilen bekennt sich dazu, dass ihm bei der Lektüre des Konzeptes des Bundesministeriums für Arbeit und Sozialordnung vom Januar 1988 zur Reform der Krankenhausversorgung das Bonmot durch den Kopf schoss: „Wie schnell ist wieder nichts passiert".

Die Kraftanstrengung mögen zwei Details beleuchten:

– Eigentlich hätte die Reihe schon 2003 abgeschlossen sein sollen. Der letzte Band ist aber erst fünf Jahre später erschienen;
– Als Herausgeber firmieren das Bundesarchiv und das Sozialministerium, das aber während der acht Jahre des Erscheinens[1] der Reihe drei Mal seine Bezeichnung gewechselt hat und die Zuständigkeit von vier Ministern erlebt hat.[2] Man mag sich kaum vorstellen, wie schwierig es war, die wechselnden Interessen der Herausgeber und der zehn Mitglieder des Beirates[3], die die Reihe wissen-

---

[1] Die Entstehung der Reihe lässt sich bis ins Jahr 1994 zurückverfolgen: Sie geht auf eine Initiative des damaligen Bundeskanzlers Helmut Kohl zurück, s. dazu: Koops, Tilman: Die Entstehung des Werkes, *http://www.bmas.de/ coremedia/generator/30522/property=pdf/koops__geschichte__der__sozialpo litik__in+deutschland__entstehung.pdf;* Überprüfung hat ergeben, dass die Seite nicht mehr aktiv ist.

[2] Band 1 und 2 (2001): BM für Arbeit und Sozialordnung (Minister Blüm); Band 3–6 sowie 9–11 (2005-2008): BM für Arbeit und Soziales (Franz Müntefering, Olaf Scholz); Band 7–8 (2004/5) BM für Gesundheit und Soziale Sicherung (Ulla Schmidt).

So findet sich auf der CD-ROM zu Band 11 ein interessanter Aspekt nicht in den Dokumenten, sondern im Impressum: Dort wird nicht wie im Buch das „Bundesministerium für Arbeit und Soziales", sondern das für „Gesundheit und Soziale Sicherung" als Mitherausgeber genannt.

[3] *http://www.bmas.de/coremedia/generator/1912/property=pdf/geschichte__der __sozialpolitik__in__deutschland__seit__1945.pdf;* S. 3.

schaftlich verantworten und auf ein gemeinsames Ziel fokussieren. Grundlage waren insbesondere die Akten des Bundesarchivs, da die des zuständigen Ministeriums noch nicht freigegeben sind. Damit fußt das Werk auf dem bestmöglichen verfügbaren Standard, kann aber nur vorläufig sein, da der Goldstandard wissenschaftlich erst mit der Auswertung der Ministeriumsakten erreicht wird.

Wird der theoretische Goldstandard sich von dem unterscheiden, was uns hier jetzt vorliegt? Jeder Wissenschaftler steht auf den Schultern von Riesen und wird deshalb weiter sehen. Das wird auch auf die zutreffen, die dann die Akten der Bundesministerien auswerten können. Die entscheidende Grundlage haben dann aber die „Riesen" gelegt, die dieses Grundlagenwerk realisiert haben. Über hundert, eng beschriebene Seiten umfasst allein das Quellen- und Literaturverzeichnis des letzten Bandes. Die elf Bände sind aber nicht nur das Produkt wissenschaftlicher Fleißarbeit und intellektueller Schärfe. Ohne einen *Spiritus Rector,* der im Hintergrund mit Geduld und Hingabe die Fäden zieht, wäre dieses Werk nicht möglich gewesen. Günter Ast, inzwischen pensionierter Referatsleiter für Öffentlichkeitsarbeit im Bundesarbeitsministerium, war dieser gute Geist im Hintergrund, der noch unter Norbert Blüm die Verantwortung für dieses Projekt übernommen hat und es auch als Pensionär über alle politischen Wechsel zum Erfolg begleitet hat.

An dem Gemeinschaftswerk haben sich 73 Fachwissenschaftler aus Ost und West beteiligt, darunter nur zehn Frauen. Es fällt auf, dass sich unter ihnen kein Wirtschaftswissenschaftler befindet, wenn auch die Wirtschaftswissenschat mit integriert ist. Die Historiker stellen die größte Fachgruppe (27), gefolgt von den Sozialwissenschaftlern (19), Juristen (6), Medizinern (5) und Pädagogen (3). Zwar finden sich auch Nachwuchswissenschaftler unter den Autoren, es dominiert aber die Generation derjenigen, die bereits die Phase der Expansion des Sozialstaates in den 1970er Jahren professionell erlebt und mitgestaltet haben. Das spiegelt sich in einer überwiegend affirmativen Darstellung der gewachsenen Besonderheiten des westdeut-

schen Sozialstaates wider und der Vernachlässigung „junger" Themen wie den Genderaspekten der Sozialpolitik oder der Nachhaltigkeit.

Das zeigt: Es fehlt – zumindest bislang – ein Band zu den Quer-
schnittsfragen der Sozialpolitik. In diesem könnte auch die Rolle der
Judikative eine prominentere Rolle einnehmen. Kritisieren mag man
auch, dass der Vergleich mit anderen Staaten – bis auf Band 1 – zwar
in einzelnen Kapiteln berücksichtigt wird, aber insgesamt sehr kurz
kommt. Man spürt in den Beiträgen z.B. zur Gesundheitspolitik, dass
der Nationalstaat als harter Kern des Sozialstaates gesehen wird. Der
Leser realisiert so auch, wie viel sich in der Gesundheitspolitik seit
Ende des Berichtszeitraums dieser Reihe (1994) auf europäischer
Ebene z.B. durch die Urteile des Europäischen Gerichtshofes getan
hat. „The wind of change" weht inzwischen aus westlicher, Brüsseler
Richtung und nicht mehr aus Ost, der Wind, der die Wiedervereinigung und ihre Folgen auch für die Sozialpolitik gebracht hatte.

Die elf Bände sind konsequent aus der Perspektive des Bundes und
der Bundespolitik geschrieben. Nachfolgende Generationen, die sich
ausschließlich mit Hilfe dieses Werkes der Sozialpolitik in diesem
Zeitraum nähern, werden kaum realisieren, dass Deutschland ein
föderaler Staat ist, in dem z.B. das Gesundheitswesen in der Zuständigkeit der Länder liegt. Dass Länder, Kommunen, die freien Träger
der Wohlfahrtspflege wie die Kirchen in den elf Bänden keine nen-
nenswerte Rolle spielen, zeigt, wie sehr wir uns bereits in der zeit bis
1994 auf eine zentralstaatliche Sozialpolitik hin entwickelt haben.
Subsidiarität und Föderalismus werden hier wissenschaftlich korrekt
abgewickelt.

Das Werk wird kaum den Weg in die Heimbibliotheken auch nur
derer finden, die sich beruflich mit Gesundheits- und Sozialpolitik
befassen, dafür ist der Preis prohibitiv hoch. Dafür sollte es zur
Grundausstattung aller Institutionen gehören, die für sich beanspru-
chen, Gesundheits- und Sozialpolitik mitzugestalten. Gerade in der
gegenwärtigen Finanz- und Wirtschaftskrise, die sich zu einer Gesell-
schaftskrise ausweiten kann, ist es wichtig, dass man die Fehler der
Vergangenheit nicht wiederholt. Ein Blick auf die Erfolge und Fehler

der vergangenen 60 Jahre liefert zwar keine Kompasszahl mit der man in die sozialpolitische Zukunft marschieren kann. Die systematische Darstellung liefert aber auch bei punktueller Lektüre ein Koordinatensystem, mit dem man Vorschläge zu Reformen in der Gesundheits- und Sozialpolitik einordnen kann. Und das ist mit Sicherheit hilfreich, denn die Geschichte der Sozialpolitik seit 1945 lehrt: Nach der Reform ist vor der Reform.

Sozialpolitik im Zeichen der Vereinigung

Buchbesprechung: Gerhard A. Ritter (Hrsg.):
1989 bis 1994 Bundesrepublik Deutschland.
*Sozialpolitik im Zeichen der Vereinigung**

In ihrer Wiesbadener Erklärung vom 5. Januar 2008 wertete es die CDU als großen Erfolg, dass es gelungen ist, die Lohnnebenkosten auf unter 40 Prozent zu senken. 2009 wollte sie zusätzliche Spielräume für eine weitere Senkung bei den Sozialversicherungsbeiträgen nutzen. Dies konnte man damals als Rechenhilfe verstehen, wie die große Koalition den Krankenversicherungsbeitrag für 2009 erstmals gesetzlich festzulegen gedachte. Es macht aber noch einmal deutlich, dass das Paradigma der Reduzierung der Lohnnebenkosten noch immer die Sozialpolitik in Deutschland prägt. An der Sinnhaftigkeit dieses Paradigmas kann man füglich Zweifel haben[1], aber solange die Kanzlerpartei auf dieser Grundlage Sozialpolitik betreibt, ist es nach wie vor von großer realpolitischer Bedeutung.

Solange das Paradigma der Senkung der Lohnnebenkosten gilt, ist es für alle Verantwortlichen im Gesundheitswesen aber wichtig, über

---

* Erstabdruck in: Recht und Politik im Gesundheitswesen, Nr. 1/2008, S. 26.
Gerhard A. Ritter (Hrsg.): 1989 bis 1994 Bundesrepublik Deutschland. Sozialpolitik im Zeichen der Vereinigung Nomos, Baden-Baden 2007, (Bundesministerium für Arbeit und Soziales und Bundesarchiv (Hrsg.): Geschichte der Sozialpolitik in Deutschland seit 1945, Band 11) 1320 Seiten + Dokumenten-CD-ROM, Subskriptionspreis: 149 Euro, ISBN: 978-3-7890-7333-5.

[1] Siehe u. a.: Straubhaar, Thomas et al.: Wachstum und Beschäftigung im Gesundheitswesen. Beschäftigungswirkungen eines modernen Krankenversicherungssystems, Baden-Baden 2006 (Klusen/Meusch (Hrsg.).: Beiträge zum Gesundheitsmanagement Band 14).

alle Sozialversicherungszweige den Überblick zu behalten. Das als Band elf der Geschichte der Sozialpolitik in Deutschland erschiene Werk über die Sozialpolitik im Zeichen der Vereinigung (1989-1994) ist deshalb ein wichtiger Beitrag zum profunden Verständnis der aktuellen Gesundheitspolitik.

Für den Leser aus dem Gesundheitswesen sind neben den Beiträgen zu diesem Politikfeld insbesondere die Gesamtbetrachtung von Gerhard A. Ritter von Relevanz. Er macht keinen Hehl daraus, dass er sich von der wettbewerblichen Orientierung des Gesundheitssystems nichts verspricht. Seine Überzeugung ist, „dass eine primäre Gesundheitsversorgung über den Markt weder notwendig effizienter noch billiger ist".[2]

Fast trotzig ist Ritters Einsicht in die „Fähigkeit zu weitgehenden Reformen"[3] des deutschen Sozialstaates trotz der „Beharrungskraft der einmal geschaffenen Institutionen und Normen,[4] der „ungewöhnlich großen Zahl von Vetospielern"[5] und der Strukturkrise, in die der deutsche Sozialstaat durch „geringes Wirtschaftswachstum, Deindustrialisierung, mangelnde Wirtschaftsleistung und Produktivität" sowie „anhaltende Massenarbeitslosigkeit"[6] geraten ist.

Pessimisten ist von diesem Werk klar abzuraten. Wenn man liest,

- dass es „keine politisch aktivierbare Gesamtkonzeption der Sozialpolitik" gab und
- wie schwer es ist, grundlegende Reformen „trotz der Aufspaltung der Finanzierung des Sozialstaates auf Bund, Länder Gemeinden und die auf Beitragseinnahmen beruhenden Sozialversicherungsträger" zu implementieren[7],
- und dass die „schiere Überlastung der Regierung, der Verwaltung, der gesetzgebenden Organe und der Sozialversicherungsträger …

---

[2] Ritter, S. 1118.
[3] Ibid., S. 1120.
[4] Ibid., S. 1119.
[5] Ibid., S. 1121.
[6] Ibid., S. 1120 f.
[7] Ibid., S. 1109.

und „die notwendige Anpassung des deutschen Sozialstaates an die veränderten internationalen Rahmenbedingungen verzögert und erschwert" haben[8],

— außerdem die „Beharrungskraft der einmal geschaffenen sozialpolitischen Institutionen und Normen, die Vielzahl der mit der Sozialpolitik verflochtenen politischen und sozialen Interessen und der sie vertretenden Organisationen und das sehr komplexe System der Finanzierung des deutschen Sozialstaates sowie schließlich durch die große Bedeutung der Sozialstaatsklientel bei Wahlen"[9], Veränderungen verhindert haben,

dann besteht wenig Hoffnung auf durchgreifende Reformen. Gerhard A. Ritter ist schließlich zuzustimmen, wenn er das Überleben des deutschen wie überhaupt des Sozialstaats davon abhängig macht, inwieweit er fähig sein wird, dem ständigen Wandel von Staat, Wirtschaft und Gesellschaft sowie der internationalen Rahmenbedingungen Rechnung zu tragen.[10]

Die Optimisten gehen davon aus, dass es gelingt, „die Balance zwischen Eigenvorsorge, Solidarität der Gesamtgesellschaft oder kleinerer Gemeinschaften und staatlicher Hilfen immer neu auszutarieren und die Bedingungen für wirtschaftliches Wachstum zu schaffen, ohne den Zusammenhalt der Gesellschaft und die politische Freiheit zu gefährden".

---

[8] Ibid., S. 1110.
[9] Ibid., S. 1119.
[10] Ibid., S. 1122.

Pflichtlektüre

Buchbesprechung: Gerhard A. Ritter: Der Preis der deutschen Einheit.
*Die Wiedervereinigung und die Krise des Sozialstaates** *

Ein Meisterwerk hat der habilitierte Politologe und emeritierte Geschichtsprofessor Gerhard A. Ritter vorgelegt. Es ist entstanden aus dem Studium der Akten des Bundeskanzleramtes und der Nachlässe der DDR sowie aus zahlreichen Interviews mit wichtigen Akteuren. Seine Darstellung der Sozialpolitik im Prozess der deutschen Einheit und der daraus resultierenden Folgen wird auf Jahre hinaus Pflichtlektüre für alle bleiben wird, die sich mit Sozialpolitik und deutscher Einheit beschäftigen.

Ritters sozialgeschichtliche Arbeit gliedert sich in drei Teile: Zunächst erörtert er die internationalen, innenpolitischen, wirtschaftlichen und sozialen Rahmenbedingungen der deutschen Einheit. Im zweiten Teil beschäftigt er sich mit der Entstehung der Sozialunion und kommt zu dem Ergebnis, dass „die sozialpolitische Absicherung der deutschen Einheit ... notwendig und organisatorisch eine Meisterleistung" war (S. 297). Im dritten Teil setzt er sich schließlich mit dem Wandel des deutschen Sozialstaates unter den Bedingungen der deutschen Einheit 1990 bis 1994 auseinander. Insgesamt bescheinigt er der Sozialpolitik vom Fall der Mauer bis 1994 grundsätzlich „Problembewältigungskraft" und „Lernfähigkeit des deutschen Sozialstaates" (S. 404).

---

* Erstabdruck in: Recht und Politik im Gesundheitswesen, 4/2007, S. 135. Gerhard A. Ritter, Der Preis der deutschen Einheit. Die Wiedervereinigung und die Krise des Sozialstaates, C.H. Beck, München 2006, 541 Seiten, 38 Euro, ISBN-13: 978 3 406 54972 4

Wie passt dies zur abschließenden Einschätzung Ritters, dass „das Überleben des deutschen wie des Sozialstaates überhaupt ... davon abhängen (wird), inwieweit er fähig sein wird, dem ständigen Wandel von Staat, Wirtschaft und Gesellschaft sowie der internationalen Rahmenbedingungen Rechnung zu tragen" S. 406)?

Ritters Koordinatensystem ist geprägt durch die sozialpolitische Orientierung der alten Bundesrepublik. So begeistert er sich für Regine Hildebrandt, die – nach Norbert Blüm – „eine der wenigen wirklich guten Menschen (war), die für die Schwachen eintrat" (S. 269). Trotz der von ihm beschriebenen Krise des Sozialstaats bedauert er, dass z.B. für Maßnahmen des Familienlastenausgleichs und für Maßnahmen zur besseren Vereinbarkeit von Familie und Beruf kein Geld da war (S. 389). Bei aller rationalen Einsicht in die Notwendigkeit deutlicher Veränderungen schimmert bei Ritter doch immer eine melancholische Sehnsucht nach den sozialpolitischen Gestaltungsdiskussionen der alten Bonner Republik durch.

Wie verhaftet Ritter den alten Denkstrukturen ist, zeigt sich auch an seiner Darstellung der Gesundheitspolitik: Auf Seite 400 beschreibt er mit nüchternen Zahlen, dass es der Bundesrepublik im internationalen Vergleich „relativ gut gelungen" ist, die Kosten des Gesundheitssystems in den Griff zu bekommen. Man muss bis auf Seite 298 zurückblättern, um seine Einschätzung zu finden, dass die Diskussion über die Explosion der Kosten im Gesundheitswesen für mehrere Jahre in den Hintergrund gedrängt wurde.

Ritters Darstellung der Situation im Gesundheitswesen der DDR und sein völliger Zusammenbruch nach dem Fall der Mauer (S. 176 bis 179) ist brillant. Wie er auf zwei Seiten den völligen Bankrott des DDR Systems schildert, nüchtern und ohne Polemik, ist große Sozialgeschichte. Journalisten wie Wissenschaftler finden hier ein Vorbild und allen, die dem alten System der Polikliniken nachtrauern, sei diese Passage ans Herz gelegt. Es erscheint aber als reine Sozialromantik, wenn der Autor dieser Passage nur wenige Seiten weiter (S. 294) diesen Einrichtungen Krokodilstränen nachweint.

Ritters Meisterschaft besteht darin, chronologische Darstellungen mit systematischen Analysen zu verbinden und kluge Darstellungen aller sozialpolitisch relevanten Themen mit grundsätzlichen Deutungen zu verbinden. In der Verbindung sozialpolitischen Detailwissens mit Kenntnis der globalen wirtschaftlichen und demographischen Zusammenhänge ist Gerhard Ritter unübertroffen.

Den Zeitzeugen – der Rezensent war von 1989 bis 1993 Referatsleiter im Leitungsbereich von zwei Bundesministerien – beeindruckt das Buch von Ritter dadurch, wie gut es ihm gelingt, die selbst erlebte Komplexität der Ereignisse so zu verdichten, dass an keinem Punkt der Eindruck aufkommt, es war anders. Nein, die Schwerpunktsetzung von Ritter ist beeindruckend zutreffend. Bei der Auswahl der Interviewpartner hat der Rezensent beim ersten Durchlesen vergeblich nach Namen wie Christa Luft – immerhin einmal Ministerin in der Regierung Modrow, die mit zehn Milliarden D-Mark die DDR Wirtschaft sanieren wollte – oder Sabine Bergmann-Pohl – immerhin einmal Staatsoberhaupt der DDR, Bundesministerin ohne Geschäftsbereich und Staatssekretärin im Bundesgesundheitsministerium – gesucht. Beim zweiten Nachdenken muss man aber ein dickes Ausrufezeichen hinter der Auswahl von Gerhard Ritter setzen. Es ist in den subjektiven Augen des Rezensenten ein Akt historischer Gerechtigkeit, dass diese beiden Personen dem Vergessen anheim gegeben werden, während z.B. der Ministerialbeamte Martin Ammermüller, der in der Phase des Verhandlungen zum Einigungsvertrag Großartiges geleistet hat, hier eine verdiente Würdigung erfährt.

Beeindruckend ist auch, wie Ritter die Rolle der DDR Regierungen Modrow und de Maizière sieht. Bei allen Gegensätzen der beiden: Es verbinden Sie die Illusionen über die Lage in der untergehenden DDR. Wie bankrott dieses System war, wollten beide nicht wahr haben. Ritter lässt daran keinen Zweifel. Die verhängnisvolle Bedeutung, die DDR-Repräsentanten von Hans Modrow und Christa Luft, aber auch Regine Hildebrandt und andere durch ihre Informationspolitik gegenüber dem „Westen", sprich der Bundesregierung, hatten, ist durch das Buch von Gerhard A. Ritter noch nicht aufgearbeitet. Hier wird die weitere Forschung Klarheit bringen

Gute Arbeit und soziale Gerechtigkeit im 21. Jahrhundert

Buchbesprechung: Wolfgang Schroeder/Claudia Bogedan (Hrsg.):
Gute Arbeit und soziale Gerechtigkeit im 21. Jahrhundert.
Bausteine einer sozialen Arbeitsgesellschaft. *

Wie können individuelle Bedürfnisse der Arbeitnehmer in dem epochalen Umbruch, in dem sich Wirtschaft und Arbeitswelt befinden, besser in kollektive Regelungen übersetzt werden? Wie können die Chancen, die der demographische und gesellschaftliche Wandel bieten, für alle genutzt werden? Die Autoren versuchen Annäherungen an eine praktikable Agenda für eine Gesellschaft im Umbruch. Der Sammelband versucht aus gewerkschaftlicher Perspektive Antworten auf die dramatischen Veränderungen in Wirtschaft und Arbeitswelt. Die Vision der Freiheit durch soziale Gerechtigkeit wird dem Konzept des Neoliberalismus entgegen gestellt. Für die Arbeitswelt konkretisiert sich dies im Begriff der „guten Arbeit", der definiert und für gewerkschaftliches und gesellschaftspolitisches Handeln operationalisiert wird. Die Beiträge verstehen sich als chancenorientierte Annäherungen an die neue Situation. Sie formulieren den Anspruch des DGB, gerade in Zeiten der digitalen Revolutionen und gesellschaftlichen Umbrüche gestaltende Kraft zu sein, die Orientierung gibt. Wachsende soziale Ungleichheit und ein Auseinanderdriften der

---

* Erstabdruck: *http://www.socialnet.de/rezensionen/19458.php.* Wolfgang Schroeder/Claudia Bogedan (Hrsg.): Gute Arbeit und soziale Gerechtigkeit im 21. Jahrhundert. Bausteine einer sozialen Arbeitsgesellschaft. NOMOS Verlagsgesellschaft (Baden-Baden) 2015. 143 Seiten. ISBN 978-3-8487-1942-6. D: 14,90 € (Hans-Böckler-Stiftung, Düsseldorf (Hrsg.): Forschung aus der Hans-Böckler-Stiftung Bd. 175).

Gesellschaft in Deutschland sind zentrale Begriffe für die Autoren, aus denen sie ihre Schlussfolgerungen ableiten. Die Analyse von Thomas Piketty „Das Kapital im 21. Jahrhundert", dass die zunehmende Vermögenskonzentration zu einer stagnierenden Wirtschaft und zur Gefährdung der Demokratie führen, bilden eine Grundlage der Argumentation. Außerdem gehen die Herausgeber davon aus, dass die Erwerbsarbeit durch die dritte industrielle Revolution geprägt ist, die mehr Mobilität erfordert und die Kommunikation tiefgreifend verändert. Die Arbeit der Zukunft wird „digitaler, mobiler, flexibler und individueller". (S. 7)

Gewerkschaftliche Arbeitgeber im Lebenslauf ist der gemeinsame Nenner von sechs der acht Autoren. Die IG Metall wird im Autorenverzeichnis ausdrücklich genannt bei Dominik Haubner, Nils Heisterhagen, Jan Machnig und Ralf Rukwid. Bei Wolfgang Schröder, Mitherausgeber des Bandes und Professor für das Politische System der BRD in Kassel, fehlt der Hinweis, dass er von 1991 bis 2006 für die IG Metall gearbeitet hat, zuletzt als Leiter der Abteilung Sozialpolitik. Die zweite Herausgeberin des Bandes, Dr. Claudia Bogedan, ist seit 1999 Mitglied der Vereinigten Dienstleistungsgewerkschaft ver.di und inzwischen Senatorin in Bremen für Kinder und Bildung. Im Autorenverzeichnis firmiert sie noch als Leiterin der Abteilung Forschungsförderung der Hans-Böckler-Stiftung. Keinen gewerkschaftlichen Arbeitgeber im Lebenslauf haben unter den Autoren der emeritierte Professor für Arbeits- und Sozialrecht, Dr. Ulrich Mückenberger, und der Referent im Bundesministerium für Arbeit und Soziales, Dr. Max Neufeind.

Den fünf Einzelbeiträgen des Bandes ist eine Einleitung der Herausgeber vorangestellt, die nicht nur einen Überblick über die Beiträge des Bandes vermittelt, sondern auch die gesellschaftlichen Rahmenbedingungen erläutert, die den nachfolgenden Analysen zu Grunde liegen:

– Welche Herausforderungen bringt der Umbruch in Wirtschaft und Arbeitswelt? Das ist die Leitfrage für die Einleitung, die die Herausgeber Wolfgang Schroeder und Claudia Bogedan verfasst haben. Sie beobachten die „Prekarisierung der Arbeit" und ein „Auseinandertriften der Gesellschaft" (S. 7), was sie als Verletzung „elementarer Gerechtigkeitsansprüche" begreifen (S. 8). Trotz der Risiken der Digitalisierung, des Terrorismus und der Gefahr neuer Kriege wollen sie Wege aufzeigen, wie soziale Gerechtigkeit über „Gute Arbeit" als „zentraler Wohlstandsquelle" (S. 9) unter den Bedingungen des sich neu formierenden Kapitalismus möglich ist. Ziel des Buches für die Herausgeber ist es, Bausteine für eine Aufbruchs- und Reformstimmung zu liefern, um den Umbruch des Kapitalismus für die ArbeitnehmerInnen in Deutschland sozial gerecht zu gestalten.

- Freiheitspolitik als neue progressive Metaerzählung: Das ist der Kerngedanke in Nils Heisterhagens Beitrag „Über Ökonomisierung. Zur Notwendigkeit einer neuen Freiheitsidee". Sein Freiheitskonzept ist ein Gegenmodell zum neoliberalen Freiheitskonzept. Er wendet sich gegen die Ökonomisierung aller Lebensbereiche und will den Staat gegenüber dem Markt stärken, damit er über Sozialpolitik soziale Gerechtigkeit und damit Freiheit im eigentlichen Sinn ermöglichen kann. Er fordert einen „Herkunftsausgleich" (S.45), um Aufstieg durch Bildung zu ermöglichen und eine Beteiligungsstrategie, „die darauf zielt, Bürger in reale Diskussionen zu bringen" (S. 43).
- Die Beteiligung der Bürger am Arbeitsplatz zu stärken ist die Perspektive, die Ulrich Mückenberger in seinem Beitrag „Bürger am Arbeitsplatz. Ein gewerkschafts- und gesellschaftspolitisches Leitbild" entwickelt. Es zeigt die historischen Wurzeln und Entwicklungen von Bewegungen in den USA, Frankreich und Großbritannien auf, die auf „die Integration einer Bürgerstellung im Betrieb" (S. 67) abzielen. Kern dieses „strategischen und utopischen Orientierungspunkt"s (S. 82) ist es, Whistleblower, die Missstände in ihrem Betrieb öffentlich machen, vor Entlassung zu schützen.

- Um die Frage der Demokratie in der Wirtschaft geht es im Positionspapier der Grundsatzabteilung der IG Metall „Mitbestimmung und Beteiligung stärken". Um die Wirtschaft leistungsfähig und die Demokratie lebendig zu erhalten, plädiert der Beitrag für eine Erneuerung der individuellen Beteiligung wie der kollektiven Mitbestimmung und formuliert dazu zehn Anforderungen an den Gesetzgeber und 14 Punkte einer „Agenda für mehr Demokratie in den Unternehmen" (S. 99).

- Mehr Zeitsouveränität ist die zentrale Forderung von Max Neufeind in seinem Beitrag zur „Arbeitszeitpolitik zwischen Selbststeuerung und Mitbestimmung". Er will „die Verhandlungsposition der Beschäftigten nachhaltig stärken", um „eine bessere Vereinbarkeit von Arbeit und Leben" zu erreichen (S. 125).

- Beim Beitrag von Wolfgang Schroeder, Ralf Rukwid, Jan Machnig und Dominik Haubner zu „Fachkräftepolitik als Dreh- und Angelpunkt des Umbruchs in Wirtschaft und Arbeitswelt" handelt es sich um die Zusammenfassung eines Fachkräftepapiers der IG Metall. Der Beitrag fokussiert auf Bildung und bessere Qualifizierungsmöglichkeiten, um dem Fachkräftemangel zu begegnen. Arbeitsverdichtung und der Druck, auch über die reguläre Arbeitszeit verfügbar zu sein, werden als „räuberischer Umgang mit der Arbeitskraft" gebrandmarkt (S. 138). „Gute Arbeit" manifestiert sich für die Autoren auch in guten Arbeitsbeziehungen, besserer Verzahnung von Beruf und Privatleben sowie mehr Aufstiegsmöglichkeiten. Vor allem aber gelte: „Gute Arbeit wird angemessen bezahlt, ist unbefristet und bietet stabile Arbeitsverhältnisse" (S. 138).

Zur Einordnung des Bandes ist es hilfreich, sich die Rahmenbedingungen anzusehen, in denen er geschrieben wurde. Die Mitgliederentwicklung in den Gewerkschaften des Deutschen Gewerkschaftsbundes (DGB) ist in den letzten Jahren positiv, die Zahlen stiegen von knapp 4,2 Millionen in 2010 auf 6,2 Millionen in 2014. Die gesellschaftlichen Umbrüche und Krisen machen die Gewerkschaften also wieder für mehr Menschen attraktiv, wenn auch das Niveau des gewerkschaftlichen Organisationsgrades von 1991 (11,8 Millionen DGB-Mitglieder) noch weit entfernt liegt. Der vorliegende Band versucht in diesem Kontext die Botschaft zu vermitteln, dass der DGB nicht nur einen verlässlichen Orientierungsrahmen für die Probleme der Gegenwart bietet, sondern auch die visionäre Kraft zur Gestaltung der Zukunft hat. Die Herausgeber versuchen einen Dreiklang: aus wissenschaftlicher Analyse abgeleitete Handlungsempfehlungen, gewerkschaftspolitische Programmatik und Pflege des Feindbildes Neoliberalismus. Die Sprachstile der einzelnen Beiträge entsprechen diesem Dreiklang und sind mal wissenschaftlich-analytisch, mal selbstreferenziell und, für einen Band, der in einer Forschungsreihe erschienen ist und damit wissenschaftlichen Anspruch postuliert, zu häufig polemisch. Außerdem kontrastieren zum Teil umfassende Literaturlisten in einem Beitrag konzeptionell mit starken Behauptungen, die völlig ohne empirische Belege auskommen, in einem anderen Beitrag. Der Band ist eine Mischung aus Thinktank und 1. Mai Demonstration. Er enthält wichtige Denkanstöße, die eine breitere Diskussion verdienen. Um gesellschaftliche Wirkung zu entfalten, sind die Texte aber zu heterogen und damit zu wenig zielgruppenorientiert.

Welchen Fortschritt wollen wir?

Buchbesprechung: Matthias Machnig (Hrsg.):
Welchen Fortschritt wollen wir?
Neue Wege zu Wachstum und sozialem Wohlstand*

Thema

Die 22 Autoren des Bandes schreiben an gegen die „Neoliberale Vorherrschaft" (M. Machnig, S. 234) und für Alternativen zur derzeitigen Gesellschaftspraxis. Fortschritt ist dafür ein Schlüsselbegriff des in 20 Einzelbeiträgen skizzierten Hoffnungs- und Zukunftsprojektes.

Entstehungshintergrund

Die Krise des Euro, die Exzesse des „finanzgetriebenen Kapitalismus" (J. Machnig, S. 152) sowie die Energiewende nach der Katastrophe von Fukushima definieren die zentralen Themen für die die Autoren Alternativen zur Politik der Regierung Merkel aufzeigen wollen. Die Autoren beschreiben dezidiert ein Projekt für eine rot-grüne Regierung nach einem Wahlsieg über die schwarz-gelbe Regierungskoalition. Die Konzeption des Buches ist entstanden, bevor Peer Steinbrück zum Kanzlerkandidaten der SPD gewählt wurde.

---

* Erstabdruck in: *http://www.socialnet.de/rezensionen/14458.php.* Matthias Machnig (Hrsg.), Welchen Fortschritt wollen wir? Neue Wege zu Wachstum und sozialem Wohlstand, Campus Verlag, Frankfurt 2012, 252 S., 22,90 Euro, ISBN 978-3-593-39604-0.

Herausgeber/Autoren

Matthias Machnig ist einer der führenden Strategen der SPD, der wesentlichen Anteil am Wahlerfolg Gerhard Schröders gegen Helmut Kohl hatte, in der großen Koalition als Staatssekretär unter Sigmar Gabriel im Bundesministerium für Umwelt, Naturschutz und Reaktorsicherheit arbeitete und seit 2009 thüringischer Wirtschaftsminister ist.

Im vorliegenden Sammelband hat er 21 Autoren versammelt, die das Bestreben eint, „Bedingungen und Voraussetzungen für eine ‚bessere Zukunft' zu nennen und Wege zu einem neuen Verständnis von Wachstum und sozialem Wohlstand zu skizzieren" (S. 8). Die Buchrückseite beschreibt die Autoren als „prominente Vertreter aus Sozialwissenschaften, Politik und Verbänden". Mit Sigmar Gabriel ist ein einziger amtierender Bundestagsabgeordneter vertreten. Bei den Autoren fällt die Nähe zu Gewerkschaften auf: Neben zwei amtierenden Gewerkschaftsvorsitzenden (Berthold Huber, IG Metall; Michael Vassiliadis, IG Bau, Chemie, Energie) finden sich zwei Vertrauensdozenten der gewerkschaftsnahen Hans-Böckler Stiftung im Autorenverzeichnis (Gerhard Bäcker und Klaus Dörre) sowie mit Jan Machnig ein ehemaliger Mitarbeiter für Grundsatzfragen und Gesellschaftspolitik beim IG Metall Vorstand.

Mit Ernst Ulrich von Weizsäcker (amtierender Ko-Präsident des Internationalen Ressourcenpanels), dem ehemaligen Forschungsminister und 2011 Vertreter der SPD in der Ethikkommission „Sichere Energieversorgung" Volker Hauff sowie einer Reihe von anerkannten Professoren aus sozialwissenschaftlichen Disziplinen versammelt Machnig in dem Band profunde Expertise insbesondere für Fragen des gesellschaftlichen Wandels, des Arbeitsmarktes und der Energiewende.

Inhalt und Aufbau

Zwei Beiträge von Matthias Machnig bilden die Klammer um 18 weitere Artikel, die mit der abstrakten Gesellschaftsanalyse beginnen und sich dann mit den konkreten Fragen einer neuen Gesellschaftspolitik beschäftigen mit den Schwerpunkten der Arbeitsmarkt- und der Energiepolitik.

Ausgangpunkt ist die Analyse von Burkhart Lutz, dass vieles dafür spricht, „dass wir gegenwärtig das Ende einer sehr langen Prosperitätsphase erleben" (S. 12). Weiter analysiert Sigmar Gabriel, dass die Politik bislang „kläglich gescheitert" sei zu gewährleisten, dass „in Zukunft Wohlstand kein Privileg für immer weniger und Sicherheit kein Luxus für Eliten wird" (S. 23).

Alle Beiträge des Bandes konturieren klar die gesellschaftliche Alternativen zum Status quo, der nach Auffassung der Autoren gekennzeichnet ist durch einen „Ökonomismus" (Buchrückseite), „finanz-(markt)getriebenen Kapitalismus" (Jan Machnig, S. 142, 152), ein „Marktparadigma" (Lessenich S. 199) bzw. einen „Marktliberalismus" (Mikfeld, S. 205), „ Spaltung der Arbeitsmärkte" (M. Machnig S. 7) oder „Zynismus, Fatalismus, Indifferenz und Stillhalten (Offe, S. 48). Die Gegenbegriffe sind „die Einheit von Fortschritt, guter Arbeit, gutem Einkommen, sozialer Sicherheit, Nachhaltigkeit und Demokratie" (M. Machnig, S. 7), „mehr Regulierung, Koordinierung, Kooperation und Partizipation" (Gabriel, S. 30), „Rückeroberung des Primats der Politik" (von Lucke, S. 63) oder „Ausbau des Sozialstaates" (Butterwege, S. 70). Abgelehnt wird die Agenda 2010 mit ihrer Hartz-Gesetzgebung („Wege zur Spaltung" (Hartmann, S. 103)) mit ihren „unter dem Strich ernüchternd"en Ergebnissen (Bäcker, Bosch, Weinkopf, S. 117). Bestätigt in ihren Analysen fühlen sich Ernst Ulrich von Weizsäcker und Volker Hauff, die mit Genugtuung vermerken, dass Fukushima ihre Positionen bestätigt hat. „Die Zukunft unserer Wirtschaft ist grün" schlussfolgert der Präsident des Umweltbundesamtes Jochen Flassbarth (S. 182).

Diskussion

Den Autoren des Buches geht es um nicht weniger als die Hoheit über den gesellschaftspolitischen Diskurs in Deutschland, den sie noch immer durch marktliberales Gedankengut geprägt sehen. Es geht mit den Worten des ehemaligen Juso-Vorsitzenden Benjamin

Mikfeld darum „das Projekt eines sozial-ökologischen New Deal mit einer neuen Hegemonie zu verbinden" (Mikfeld, S. 218), um die „neoliberale Vorherrschaft" (M. Machnig, S. 234) zu brechen. Sie wollen über die Hoheit über den gesellschaftlichen Diskurs die Voraussetzungen für den Machtwechsel in Berlin schaffen. Als gute Sozialdemokraten wissen die Autoren, wie lange es gedauert hat, um vom Godesberger Parteitag (1959) über eine große Koalition (1966) bis zum Machtwechsel mit einem sozialdemokratischen Bundeskanzler (1969) zu kommen. Sie wissen auch, wie lange es gedauert hat von der Tutzinger Rede Egon Bahrs „Wandel durch Annäherung" (1963) bis zur Bundestagswahl 1972, die auch ein Plebiszit über die neue Ostpolitik der damaligen sozial-liberalen Regierung war.

Es gibt aber Indizien dafür, dass die Autoren des Bandes mit kürzeren Perioden rechnen, um ihre Vision in konkrete Politik umsetzen zu können: „ Erst in der großen Krise des Jahres 2015 werden sie (die Europäer) feststellen, dass dieses Europa keine Zukunft hat" (Flassbeck, S. 141). Gleich zweimal wird der inzwischen verstorbene Herausgeber der Frankfurter Allgemeinen Zeitung, Frank Schirrmacher, zum Kronzeugen angerufen (S. 63 und S. 202). Das macht deutlich, dass die Autoren mit ihren Überlegungen weit über den Dunstkreis klassischer SPD Wähler hinaus auf Zustimmung zu ihren Positionen rechnen können.

Fazit

Wer von der Politik mehr will als das Reagieren auf Sachzwänge und ein Durchregieren nach dem Grundsatz „Weiter so Deutschland" , der findet in dem Buch nicht nur faktenreiche Analysen, sondern auch eine gesellschaftspolitische Vision, an der man sich im Zweifel auch reiben kann.

Reformbereitschaft und Reformakzeptanz der Bürger

Buchbesprechung: Eva-Maria Trüdinger / Oscar W. Gabriel (Hrsg.):
Reformen des Sozialstaates in Deutschland.
Reformbereitschaft und Reformakzeptanz der Bürger*

Der Erfolg politischer Reformen hängt wesentlich von politischem Vertrauen bei den Betroffenen und in der Bevölkerung ab. Das ist die wichtigste Botschaft des vorliegenden Sammelbandes, der aus dem Projekt der Deutschen Forschungsgemeinschaft (DFG) über den „Einfluss des politischen Vertrauens auf die Unterstützung der Reform des Sozialstaates in Deutschland", das von 2007 bis 2009 unter der Leitung des Politikwissenschaftlers Oscar W. Gabriel durchgeführt wurde.

Der Band untersucht die Einstellungen der Bundesbürger zu den von der Regierung Schröder eingeleiteten und der Großen Koalition unter Kanzlerin Merkel weitergeführten Reformen der Gesundheits-, Renten- und Familienpolitik in Deutschland. Entscheidern im Gesundheitswesen seien auch die Aufsätze zu anderen Politikfeldern empfohlen, da sich auch daraus Erkenntnisse über die Voraussetzungen erfolgreicher Politikimplementierung im Gesundheitswesen gewinnen lassen.

Schwerpunkt der Aufsätze sind die Akzeptanz dieser Reformen in der Öffentlichkeit, welche Reformoptionen die Bevölkerung in diesen Bereichen unterstützte und auf welche Faktoren diese Einstellungen

---

* Erstabdruck in: Recht und Politik im Gesundheitswesen 1/2014, S. 31. Eva-Maria Trüdinger / Oscar W. Gabriel (Hrsg.), Reformen des Sozialstaates in Deutschland. Reformbereitschaft und Reformakzeptanz der Bürger Nomos, Baden Baden 2013, 236 S., 44 Euro, ISBN 978-3-8329-7860-0.

zurückgehen. Dabei wird insbesondere die Rolle von Wertvorstellungen und Ideologien, Interessen und politischem Vertrauen beleuchtet. Skeptisch für künftige Reformen stimmt, dass nur knapp ein Viertel der Deutschen die Gesellschaftsordnung in Deutschland als gerecht empfindet, in den neuen Bundesländern sogar nur etwa jeder Neunte. Schlechte Noten erhält die Politik auch für die Art und Weise, wie Reformen kommuniziert werden: Aus Sicht der Bürger erfüllen Politiker nicht den mehrheitlichen Wunsch nach einer verständlichen Darstellung von Reformprogrammen.